澳門媽閣石刻

Inscrições em Pedra no Templo de A-Má de Macau

澳門知識叢書

澳門媽閣石刻

蔣美賢　鄧駿捷　著

三聯書店（香港）有限公司

澳門基金會

叢書整體設計		鍾文君
責任編輯		陳思思
封面設計		吳冠曼

叢 書 名		澳門知識叢書
書 名		澳門媽閣石刻
作 者		蔣美賢　鄧駿捷
聯合出版		三聯書店（香港）有限公司 香港北角英皇道 499 號北角工業大廈 20 樓 澳門基金會 澳門新馬路 61 - 75 號永光廣場 7 - 9 樓
香港發行		香港聯合書刊物流有限公司 香港新界大埔汀麗路 36 號 3 字樓
版 次		2020 年 5 月香港第一版第一次印刷
規 格		特 32 開（120 mm × 203 mm）148 面
國際書號		ISBN 978-962-04-4620-7

© 2020 Joint Publishing (Hong Kong) Co., Ltd.

Published in Hong Kong

總序

　　對許多遊客來說，澳門很小，大半天時間可以走遍方圓不到三十平方公里的土地；對本地居民而言，澳門很大，住了幾十年也未能充分了解城市的歷史文化。其實，無論是匆匆而來、匆匆而去的旅客，還是"只緣身在此山中"的居民，要真正體會一個城市的風情、領略一個城市的神韻、捉摸一個城市的靈魂，都不是一件容易的事情。

　　澳門更是一個難以讀懂讀透的城市。彈丸之地，在相當長的時期裡是西學東傳、東學西漸的重要橋樑；方寸之土，從明朝中葉起吸引了無數飽學之士從中原和歐美遠道而來，流連忘返，甚至終老；蕞爾之地，一度是遠東最重要的貿易港口，"廣州諸舶口，最是澳門雄"，"十字門中擁異貨，蓮花座裡堆奇珍"；偏遠小城，也一直敞開胸懷，接納了來自天南海北的眾多移民，"華洋雜處無貴賤，有財無德亦敬恭"。鴉片戰爭後,歸於沉寂,成為世外桃源,默默無聞;近年來,由於快速的發展,"沒有甚麼大不了的事"的澳門又再度引起世人的關注。

這樣一個城市,中西並存,繁雜多樣,歷史悠久,積澱深厚,本來就不容易閱讀和理解。更令人沮喪的是,眾多檔案文獻中,偏偏缺乏通俗易懂的讀本。近十多年雖有不少優秀論文專著面世,但多為學術性研究,而且相當部分亦非澳門本地作者所撰,一般讀者難以親近。

有感於此,澳門基金會在 2003 年 "非典" 時期動員組織澳門居民 "半天遊"(覽名勝古跡)之際,便有組織編寫一套本土歷史文化叢書之構思;2004年特區政府成立五週年慶祝活動中,又舊事重提,惜皆未能成事。兩年前,在一批有志於推動鄉土歷史文化教育工作者的大力協助下,"澳門知識叢書" 終於初定框架大綱並公開徵稿,得到眾多本土作者之熱烈響應,踴躍投稿,令人鼓舞。

出版之際,我們衷心感謝澳門歷史教育學會林發欽會長之辛勞,感謝各位作者的努力,感謝徵稿評委澳門中華教育會副會長劉羨冰女士、澳門大學教育學院單文經院長、澳門筆會副理事長湯梅笑女士、澳門歷史學會理事長陳樹榮先生和澳門理工學院公共行政高等學校婁勝華副教授以及特邀編輯劉森先生所付出的心血和寶貴時間。在組稿過程中，適逢香港聯合出版集團趙斌董事長訪澳，知悉他希望尋找澳門題材出版，乃一拍即合，成此聯合出版之舉。

澳門，猶如一艘在歷史長河中飄浮搖擺的小船，今天終於行駛至一個安全的港灣，"明珠海上傳星氣，白玉河邊看月光"；我們也有幸生活在"月出濠開鏡，清光一海天"的盛世，有機會去梳理這艘小船走過的航道和留下的足跡。更令人欣慰的是，"叢書"的各位作者以滿腔的熱情、滿懷的愛心去描寫自己家園的一草一木、一磚一瓦，使得吾土吾鄉更具歷史文化之厚重，使得城市文脈更加有血有肉，使得風物人情更加可親可敬，使得樸實無華的澳門更加動感美麗。他們以實際行動告訴世人，"不同而和，和而不同"的澳門無愧於世界文化遺產之美譽。有這麼一批熱愛家園、熱愛文化之士的默默耕耘，我們也可以自豪地宣示，澳門文化將薪火相傳，生生不息；歷史名城會永葆青春，充滿活力。

吳志良

二〇〇九年三月七日

目錄

導言

　　澳門媽閣，地處澳門半島的東南隅。明代始立廟祀媽祖，今名曰媽祖閣，俗稱媽閣廟。此一山一廟，融為媽閣景觀，是今天澳門的旅遊勝景之一。

　　關於早期媽閣的形態，"一山嶒然，斜插於海，磨刀犄其西，北接蛇垳，南直澳門，險要稱最。上有天妃宮"；而廟的來歷，"相傳明萬曆時，閩賈巨舶被颶殆甚，俄見神女立於山側，一舟遂安，立廟祠天妃，名其地曰娘媽角。娘媽者，閩語天妃也。於廟前石上鐫舟形及‘利涉大川’四字，以昭神異"（《澳門記略》卷上〈形勢篇〉）。這抹虛實交錯的筆墨，既是媽閣史的開端，也是蘊含着媽閣景觀的人文風景。

　　媽閣景觀指的是其自然景色、建築物與人文風景，這三者是不可分割的。就其建築佈局而言，媽閣廟有別於中國傳統寺廟的"中軸對稱"格局模式。

它是一座依山而建、殿宇疊架、錯落有致的園林式廟宇。與此同時，媽閣也是座"詩山"。對於"詩山"的解讀，可以有幾種不同的層次：首先是大眾遊客所見，最為直觀與表面的"山上有詩"。此"詩"是詩作，媽閣獨攬二十四首澳門石刻詩，堪稱"詩山"。繼而是詩人心目中的媽閣，是"有詩的山"。此"詩"是詩材，將佛道所倡調適人生的心法，託於媽閣的清幽峻曠景色，這是媽閣詩尤其石刻詩所取用最多的一種寫作向度。最後，若以學術的觸角，挖掘到深處，最有價值的媽閣話題可能會是"見山是詩"。此"詩"所取意者，即亞里士多德《詩學》所謂：詩相當於文學藝術。這也可以說，媽閣的整體為一股流動的藝術力量。那麼它是如何以其一切來演繹和感染甚麼的？當然，詩無定論。評賞藝術所重的是個人的觀察與品味；不過，如能以實為本，所作的解讀亦相對客觀。

本書旨在介紹澳門媽閣的二十四首石刻詩及若干石刻題詞、匾聯、題記和碑刻所譜成的"媽閣讀本"。這個讀本既是公之於眾的，又是成之於眾的，可說是澳門古今的共同回憶和精神遺產。唯其意涵的寬廣豐富，在一定程度上帶來了解讀的難度，筆者只試圖為媽閣閱讀提供一個相對具體清晰的向度：以景物為筋骨，以文史為魂魄；美諸風景，勝諸人文。

媽閣廟建築群及其石刻

　　從 16 世紀開始，中外文獻陸續出現有關澳門媽閣廟的記載，既有文字的，也有圖片的。文字史料方面，中文文獻主要是地方誌書，如清乾隆初年印光任、張汝霖的《澳門記略》，乾隆、道光、光緒各朝纂修的《香山縣誌》，道光年間祝准的《澳門誌略》，以及雍正、嘉慶兩朝纂修的《廣東通誌》等。外文文獻多數是外國傳教士在澳的記錄，或外國使節訪澳的外交報告檔案，如意大利耶穌會傳教士利瑪竇（Matteo Ricci, 1552－1610 年）的《利瑪竇中國箚記》和費爾南・門德斯・平托（Fernão Mendes Pinto, 1509－1583 年）的《遠遊記》等。《利瑪竇中國箚記》的主體是利瑪竇於 1582 至 1610 年來華傳教時的日記，其中對於媽閣廟的記錄，一般被認為是現存最早的 "媽閣史料"。至於圖像方面則有中西畫作和各種地圖，以西洋畫作佔多，形式包括素描、地誌畫、版畫、水彩畫及油畫等。其中以英國畫家喬治・錢納利（George Chinnery, 1774－1852 年）、法國畫家奧古士丁・博爾傑（Auguste Borget, 1808－1877 年）、英國醫生托馬斯・屈臣（Thomas Watson, 1815－

媽閣廟外觀──山門與牌坊

媽閣廟前地

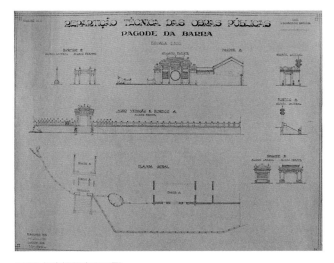

1970 年代媽閣廟平面圖

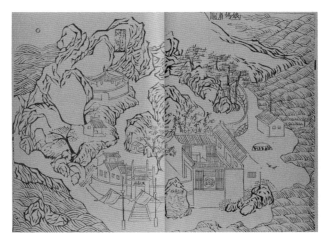

《澳門記略‧娘媽角圖》

1860 年），以及澳門畫家畢士達（Marciano António Baptista, 1826－1896 年）的作品較具代表性。

從今所見，最早以媽閣廟為題材作畫者，應是中國的吳漁山（1632－1718 年）。漁山本名吳歷，清初中國天主教傳教士，亦是當時的文化名士，能詩擅畫。現香港藝術館虛白齋所藏的《湖山秋曉》，是漁山繪於清康熙四十一年（1702 年）的水墨長卷，其中一段名為 "雄寺媽閣"，或許所憑的就是他在康熙十九年（1680 年）學道澳門時留下的 "媽閣印象"。《湖山秋曉》較西洋畫家約翰 · 韋伯（John Webber, 1750－1793 年）繪於 1788 年的鉛筆素描《媽閣廟》（*View in Macao*）早近百年〔據載，韋伯曾將《媽閣廟》刻成銅版畫，並收入其《南海風貌》（*Webber's Views in the South Seas*）一書中，而《媽閣廟》原作現藏於香港藝術館〕。"雄寺媽閣" 所呈現的並非只是媽閣廟，而是 "山—廟—前地" 同構而成的一個整體景觀，古代稱之為 "娘媽角"。《澳門記略》卷上〈形勢篇〉記載："相傳明萬曆時，閩賈巨舶被颶殆甚，俄見神女立於山側，一舟遂安，立廟祠天妃，名其地曰娘媽角。娘媽者，閩語天妃也。”這與“雄寺媽閣”所繪的倚山而建，面臨大海，瓦頂重簷的景象十分切合。

在早期藝術作品中的媽閣廟，即便其重點描繪對象是廟宇，亦多旁及建築物周邊的山體、林木、空地甚至水體，可以反映出媽閣廟作為一個藝術題材，所指並非單一的廟宇建築，而是一個場景或景觀——媽閣景觀。這是媽閣廟作為園林式廟宇的建築特色所在，即其建築既為廟宇，亦為園林。前者主體為山門、牌坊、石殿、弘仁殿、圓門、正覺禪林、觀音閣，後者則是山體與摩崖石刻，兩者在觀感上構成一個整體。

媽閣廟的建築，大體可劃分為三組。第一組：山門、牌坊、石殿、弘仁殿等，第二組：圓門、正覺禪林及其周邊建築，最後是位處地勢較高的觀音閣。

媽閣廟山門

山門　牌坊　石殿　弘仁殿

山門

　　所謂山門，即正門。中國寺廟的正門或外門，又稱作山門。無論遠觀近看，一座廟宇最先讓人注目的多是山門，故此，山門一般被視為廟宇的門面與標誌，媽閣廟亦然。以媽閣廟為題材的藝術作品，除了少量局部素描速寫外，大多具備山門這一元素。其中仔細勾勒山門的作品，最早應是《澳門記略》的〈娘媽角圖〉。它對山門的輪廓，廟宇牌樓狀的外觀、船形屋脊、門洞，皆有明白刻劃。但門上所標為 "天妃廟" 而非 "媽祖閣"，這是當時對廟宇的稱呼。除 "天妃廟" 以外，古時 "海覺寺"、"娘媽廟"、"天妃宮" 都是指媽閣廟。而線條簡約的經典作品，當數 19 世紀英國畫家錢納利所繪的《媽閣廟》。該畫以山門為主要構圖，而且描畫得十分細緻。門前成對的石獅子、琉璃瓦頂、飛簷屋脊、脊上的寶珠和鰲魚的瓷製裝飾，就連門上的題刻也一一呈現出來。畫作中的題刻，僅以符號表之，實是一匾一聯，匾所刻的是

山門背面的題刻——其仁如天

廟宇正稱 "媽祖閣"，聯語則為 "德周化宇，澤潤生民"，皆為楷書金字。這短短的十一字，說明了廟宇的主祀神以及保佑功德，勝似媽閣廟的名片，簡潔而清晰。

值得一提的是，媽祖的香火遍及華人的居住地，全世界有數不清的天后宮、媽祖廟，但稱 "媽祖閣" 者，卻僅澳門一處。此一 "閣" 的獨特稱謂，歷來備受讚賞。"閣" 既是古代一種類似樓的建築物，常建於園林中，視野高闊，又可指女子的閨閣。此字用於命名媽閣廟，可謂相當到位。

此外，有幅照片也屬於媽閣廟題材的經典之作。它是有史以來的第一批中國照片中的一幅，由法國海關官員于勒·埃迪爾（Jules Itier）在 1844 年隨同法國公使抵澳談判中法《黃埔條約》期間，以當時新發明的 "達蓋爾銀版攝影法" 拍攝所得。除了媽閣廟，埃迪爾亦曾在南灣一帶取景。

牌坊——詹頊亭坊

詹頊亭坊是在山門後面的一座三間四柱、沖天式

石牌坊

的花崗石牌坊，簡稱石牌坊。據廟內碑刻所記，石牌坊曾遭清同治十三年（1874 年）的 "甲戌風災" 摧毀，光緒二年（1876 年）重修復建。現今立於媽閣廟的石牌坊，應為 1876 年以後所建。而在一些西洋畫作中，仍可見其舊貌。較清晰的有托馬斯·屈臣的《澳門媽祖閣內》（1850 年）和威廉·海因（William Heine, 1827－1885 年）的《媽閣廟》（1856 年），輪廓大抵接近今貌。

除了外觀，石牌坊上的題刻也十分精彩。石牌坊的正、背面皆有題刻，共六處。正面的是："寶氣"（左）、"南國波恬"（中）、"珠光"（右），背面的是 "燕賀"（左）、"詹頊亭"（中）、"鳬趨"（右），其中四處為二言格。置於廟宇的匾額，以四言為常格，詞多頌揚功德、感銘神恩。三言者，一般是建築物的名稱。二言則較具開放性，能予人不只一個鑑賞的角度。

石牌坊背面中間的 "詹頊亭"，是牌坊的名稱。關於 "詹頊" 二字，今有幾種釋義：或以為 "仰望旭日"，或以為 "觀賞星宿"，或以為上古五帝之一、主司水神的顓頊。而兩側的 "燕賀"、"鳬趨"，意思相近。燕雀相賀，鳧趨雀躍，形容歡愉的場景。至於正面中間的"南國波恬"，是媽祖信仰所慣用的頌詞；"寶氣"、"珠光"，則直解可矣。石牌坊的題刻，大體可從兩種不同的角度解讀鑑賞：一是賦予它宗教的色彩，以"詹頊"借代媽祖，以"寶氣"、"珠光"形容媽祖的尊貴，"燕賀"、"鳧趨"、"南國波恬"則皆是媽祖安瀾護航的側寫。二是作即景書寫觀，昔日的媽閣廟依山臨海，風和日麗的天氣、明媚的陽光、平靜的海面、往還的飛鳥，都是可見的自然景象。至於"寶氣"和"珠光"，山門、圓門、神殿等廟宇建築的屋頂都有寶珠裝飾。因此，如說石牌坊的題刻是這座天然的、人工的廟宇景觀的精華撮要，似無不可。

石殿

石殿是石牌坊所對的神殿建築，與石牌坊、山門同處一軸線上。因有橫額"神山第一"，故又名"神山第一殿"。托馬斯・屈臣所繪《澳門媽祖閣內》以傾斜角度描繪媽閣廟全境，所勾勒石殿的輪廓和規模，與今所見相差不大。雖未有呈現出歇山式、硬山

《澳門媽祖閣內》（托馬斯 · 屈臣鉛筆、褐色墨水、水彩畫紙本）

媽閣廟石殿前的石刻聯

式及重簷廡殿式的屋頂，但清楚可見琉璃花磚方窗的牆體。這是石殿演變過程中的一個重要標誌。有學者指出，媽閣廟的石殿是澳門現存有實物可考的最古老廟宇建築。其初始形態為石龕，繼而在石龕前加建一座涼亭（或即詹頊亭），並在亭與龕之間形成廊道，後來以磚牆封閉廊的兩側而成今貌，即所謂的"石龕—涼亭—神殿"三部曲。畫家約翰‧韋伯所繪的《媽閣廟》，是以媽閣廟為題材的早期西洋畫作，作品依次勾勒了山門、亭子、石牌坊與一座矮小的建築物。亭子與建築物之間以廊道相連，蓋是石殿的第二階段"石龕—涼亭"的形態。《利瑪竇中國劄記》中稱，利氏來華時，最初見到"那裡有一尊叫阿媽（Ama）的偶像。今天還可以看見它，而這個地方就叫做澳門，在阿媽灣內。與其說它是個半島，還不如說它是塊突出的岩石"，或許此為現今僅有關於石殿由石龕而來的文字記錄。至於中文史料方面，對於石殿前期的形態未見有任何圖文記載；而早在《澳門記略‧娘媽角圖》中，石殿已經是座封閉的建築物。

　　談到石殿，不得不提它的題刻。石殿中有頌揚媽祖功德的兩聯一匾，分別是石聯："顯蹟湄洲山，三十六天齊勝概；流芳東粵甸，百千萬載壯威光。"以及"聖德齊天，恩流鏡海；母儀稱后，澤沛蓮峰"。石匾："英靈顯應"。此外，石殿內還留有數處能反映建築歷史，以及其歷史意義的題刻。

"國朝祀典"刻在今神壇所對的石樑正面。據《昭應錄》所載，清康熙五十九年（1720 年），媽祖因"庇佑敕封琉球"而列入朝廷祀典。因此有學者以為，媽閣廟有"祀典"字樣的匾額題刻，或反映廟宇曾為官方所建、所修和所用。

貼近"國朝祀典"的底部，懸有一石刻樑，上款"萬曆甲辰年季春月"，下款"信官王權、梁宗翰眾信士等吉旦立"，這是媽閣廟現存紀年最早的石刻題記。遺憾的是，它今為殘件，其題詞已不可睹，只留下題款。而憑這個題款，僅可以判斷是一個樑柱題刻，由"信官王權、梁宗翰眾信士等"於明代"萬曆甲辰年季春（即 1604 年 1 月 31 日至 1605 年 2 月 17 日）"的吉旦（初一日）所立。至於題刻的內容，今已無從稽考。

　　"欽差總督廣東珠池市舶稅務兼管鹽法太監李鳳建"的題刻，位於石殿後樑上。據《明實錄》所載，李鳳是萬曆年間的一個宦官，受明神宗派遣出任廣東珠池、市舶、稅務兼管鹽法。此題刻的內容和價值一直備受爭議，既有學者以為，此一題刻說明媽閣廟是李鳳於萬曆三十三年（1605 年）前後所建；亦有學者以為，李鳳所"建"的只是石殿的某個部分，而非創建整座廟宇。孰是孰非，目前難以判斷，有待進一步的探討。

　　"四街重脩"刻在"國朝祀典"的背面較高處，上款"萬曆乙巳歲（1605 年）"、下款"仲夏吉旦立"。清初來澳的天主教士吳漁山《三巴集·嶴中雜詠（四）》云："捧蠟高燒迎聖來，旗幢風滿炮成雷。四街鋪草青如錦，未許遊人踏作埃。" 詩末小字附註："沙勿略聖人出會，滿街鋪花與草為敬，街名畏威懷德。"〔康熙〕《香山縣誌·澳彝》載："萬曆中，督撫奏請就其聚廬中大街，中貫四維，各樹高柵，榜以'畏威懷德'，分左右定其門籍，以《旅獒》'明王慎德，四譯（按：《尚書》作"四夷"）咸賓，無有遠邇，畢獻方物，服食器用'三（按：當作"二"）十字，分東西各十號，使互相維繫譏察，毋得容奸。"古時候在澳門"大街"（即今營地大街）處，有四條交錯的街道。在明朝萬曆年間，官府以"畏威懷德"為四條街道定名，分別名為"畏字街"、"威字街"、"懷字街"、"德字街"，合稱為"四街"，並以《尚書·旅獒》篇中的二十字來編排四街的門籍。《澳門記略》亦有載此"四街"，可見"四街"於乾隆年間猶存。

若站在石殿的門口抬頭向上望，石殿門橫樑下面有三組題刻文字隱約可辨：

明　萬曆乙巳年德字街眾商建　　　　　大清道光八年歲次戊子仲夏重修
　　崇禎己巳年懷德二街重修

題刻文字只是署款，不一樣的是它記述了"建"與兩次"重修"的年份。據學者所考，這三組文字的字體、風格與刻工是一致的，所以説明題刻是在清道光八年（1828年）重修石殿時才刻上去的。其中以"萬曆乙巳年德字街眾商建"最為關鍵，上面提到

的 "四街重脩"，亦署款 "萬曆乙巳歲"。兩者在時間上存在互相矛盾之處，具體情況如何，仍待進一步考察。

石殿後壁現存兩行居中的題刻文字：

海岳鍾英
如在

"海岳鍾英"，海岳代指中國，鍾英即優才。"如在" 為儒家對於祭祀的觀念，所謂 "祭如在，祭神如神在"（《論語・八佾》）。在兩行題刻的下方，有一座刻有 "天后宮" 之名的小石龕，是在形態上接近神龕的建築物。

石殿現存的六處題刻，除了門楣上的題刻外，其餘五者皆集中在石殿後方，即石龕之內，所記的年份亦相對較早，蓋可佐證石龕為石殿現存的最早建成部分。

此外，石殿門前立有由兩對石柱題刻所組成的一副五言套聯。套聯是指兩副或以上的對聯，以某種特殊的形式“套”在一起，其讀法為從內而外。石殿門前的套聯，內聯為：“瑞石靈基古，新宮聖祀崇。”外聯為：“德光天廣疇，恩湛海重淵。”兩聯皆為形名對，即同性質詞語互相對仗。如“瑞石”對“新宮”，“靈基”對“聖祀”，而“古”與“崇”則為寬對。其中“瑞石靈基”或運用了典故，至於是甚麼典故？有一種可能是襲用了媽祖信仰中的“聖墩”故事。據宋人廖鵬飛《聖墩祖廟重建順濟廟記》所載，媽祖生於北宋太祖建隆元年（960年）農曆三月廿三日，生時為人，是莆田縣湄洲嶼林氏女。她本是一名平凡的漁家女，但卻生而神靈，且懂巫術，能觀氣象，知吉凶，鄉人以其能通天，視之為神女。雍熙四年（987年）九月初九，林女於湄洲飛升，當夕即以異像“枯槎”（即枯枝）對鄉民顯靈報夢曰：“我湄洲神女，其枯槎實所憑，宜館我於墩上。”鄉人於是將她當作神明，闢地供奉，稱作“聖墩”，這是供奉媽祖之始。“墩”含有“礅”的意思，即整塊的石頭，似乎很合“瑞石靈基古”之意。

弘仁殿

　　弘仁殿築在半山腰，與山門、石牌坊、石殿處於同一軸線上。據《昭應錄》所載，媽祖因"屢有護助功"，明永樂七年（1409年）獲朝廷加封為"護國庇民妙靈昭應弘仁普濟天妃"，即其"弘仁"封號之始。弘仁殿門匾上題刻"道光八年歲次戊子仲夏重修"，可知今殿是在清道光八年（1828年）重修而成的。托馬斯·屈臣《澳門媽閣廟內》的構圖，就是以弘仁殿為中心；而奧古士丁·博爾傑《澳門媽閣廟內景》（1842年）描繪弘仁殿，則較為細膩。兩幅畫作皆繪於重修之後，所呈現出的弘仁殿外觀亦大致相同：同樣是一小石室，飛簷屋脊，牆上有浮雕圖案。以山巖作為後牆，空間狹小，不足以容納一人內進，形同神龕，只供善信在外參拜。如此形制規模，與今貌大體相同，亦與《澳門記略·娘媽角圖》中的弘仁殿無太大差別。

　　弘仁殿有石刻聯"聖德流光莆田福曜，神山挺秀鏡海恩波"。這是一副嵌聯，嵌入了媽祖信仰的發源地福建"莆田"、澳門的別稱"鏡海"；至於"神山"，

《澳門媽閣廟內景》（奧古士丁 · 博爾傑石版畫）

弘仁殿

指的應是媽閣。聯語刻在弘仁殿上，而描摹的是媽閣廟的風光。弘仁殿是媽閣廟建築群中較具代表性的一座神殿，學界一直亦有"弘仁殿為廟內現存最古建築"之說。不過，近代汪兆鏞的一首詩，卻惹來一些爭議。其《澳門雜詩·媽閣》曰："媽閣多奇石，古木蟠其巔。標題弘仁字，當在朱明前。磐陀廣盈畝，雕刻猶帆船。陳迹足俛仰，時會有變遷。小憩贊公房，遺墨懷高禪。"詩末附註："媽閣廟楹額刻'弘仁閣'三字，上款'弘光元年'。辛亥冬，余初到尚見，今已毀。"詩人本意或為讀者提供更多有關弘仁殿的資料，但後人以為汪兆鏞誤將"弘治"看成"弘光"。主要理由有二：一是"弘光"是南明福王朱由崧的年號，他在位僅五個月就被俘了。年祚短促，所知者不多。二是弘光元年為1645年，與以往所流傳的媽閣廟五百年歷史的說法有所出入，足足延後了百年。當然，這種說法需要滿足兩個前提，一是"弘光元年"是弘仁閣的始建年；二是弘仁閣的始建時間，等同於媽閣廟的始建廟時間。事實是否如此，則又是媽閣廟史的另一樁公案了。

圓門　正覺禪林

圓門

　　圓門是正覺禪林靠外的門，由磚石所砌成。正立面縱分為五部分，中間高兩邊低。琉璃瓦頂，船狀屋脊上裝有瓷製寶珠。飛簷畫壁，簷下是三層象徵斗拱的泥塑花飾，斗拱上有寶塔。門牆飾有陶瓷浮雕，色彩亮麗。兩側裝上石雕通花窗，屬閩南風格。因中央開有圓洞，故稱“圓門”。圓門是繼山門之後，媽閣廟的又一門面。最早亦最受矚目的一幅“圓門”存世畫作，當屬博爾傑的《澳門媽閣廟街景》（1840年），畫中所繪的是博爾傑站在今天海事博物館側門處望過去的媽閣廟全景，線條勾勒細膩，頗有質感。其中呈現出圓門的華麗與氣勢，猶勝目前。1844年，埃迪爾在澳門進行攝影，當中有兩幅媽閣廟作品，除上述已提到的山門外，就是圓門了。

　　除建築本身外，圓門門匾的“萬派朝宗”，以及門聯：“春風靜，秋水明，貢士波臣，知中國有聖人，伊母也力；海日紅，江天碧，樓船鳧艘，涉大川

媽閣廟的圓門

如平地，唯德之休。" 同樣予人氣勢之感，且聯語風格尤其獨特。聯語不僅字數較多，還有一種敍事角度，一種疑似 "他者" 的眼光與口吻。"伊毋也力" 語，"伊" 表示第三人稱，相當於 "其" 或 "彼"；"力" 是名詞，既指能力、力量，亦可作 "治功" 解（《周禮》云："事功曰勞，治功曰力。"）。"也" 通常為語末詞，置於句中一般為語氣助詞，用作停頓，或用以分隔主語和謂語，無實際的含義。如《論語・先進》："柴也愚，參也魯，師也辟，由也喭。" 這是孔子對高柴、曾參、子張、子路四位門生的評點，"柴也愚" 即 "柴愚"。同樣地，"伊毋也力" 即 "伊毋力"。聯文之所以作 "伊毋也力"，蓋為與下聯 "唯德之休" 對仗。"休" 有美善、美好之意，"之" 同樣是虛詞。至此，"伊毋" 是誰，呼之欲出，就是中國的 "聖母" 媽祖。

至於媽祖之 "力"（治功），則是 "春風靜，秋水明，貢士波臣，知中國有聖人"。前兩句不難明白，後兩句猶可斟酌。首先，"中國有聖人" 指的是哪一位？中國歷代封聖者甚多，聖人不過是泛指賢德之士，因此所謂"知中國有聖人"，相當於說須知中國為禮儀之邦。然既謂"知中國有聖人"，則"知"的主語，蓋為外邦者。但主語卻是"貢士波臣"，古稱水族為"波臣"，仙凡有別，故以水族為外邦，尚且可通；但"貢士"卻是指科舉會試及第者，似與外邦無關。暫且不言"貢士"、"知中國有聖人"語意之怪，這又與媽祖有何關係？不過可以肯定的是，此聯意在頌揚媽祖功德。但是如何能夠連接二者呢？容或先讀下聯。下聯語意相對明確，所述盡是海事，但如何對應上聯，矛盾所在還是"貢士"。其實，以"貢士"作"貢使"解，為朝貢使者，則"貢士波臣"涵蓋了人間他界來中國的朝聖者，聯語意理即可通暢，亦甚切題。此聯別出心裁，以旁觀者的視角，將媽祖的功德以及國人的感念，描繪得歷歷在目，寫景中有敍事抒情，取材恰當中旨，具詩意的意涵，且對仗工整，實為佳對，亦為圓門增色不少。

正覺禪林

正覺禪林是媽閣廟的大殿（又稱正殿）與禪房，

又稱正覺禪院。目前所知，博爾傑應是最早繪畫正
覺禪林的西洋畫家。除上文提到的《澳門媽閣廟街
景》外，還有《媽閣廟正殿前》（1842 年）。畫作勾
勒了廟宇內外人群熙來攘往的生活場景，予人一種真
實的現場感；而描畫的正覺禪林，則是座具有相當規
模，且裝潢講究的神殿。博爾傑於 19 世紀 30 年代末
來華，曾在港澳和廣東一帶作畫。雖是過客，但他卻
甚為鍾情中國的風土人情，歸國以後自選了三十二幅
繪於中國的畫作，製成石版畫，編成了名為《中國和
中國人》（*La Chine et les Chinois*）的大型畫冊，並於
1842 年在巴黎出版。同批作品又被製成油畫，曾由
法國國王路易斯‧菲利普一世收藏，現藏於法國布爾
日市貝里博物館。而《澳門記略‧娘媽角圖》則提供
了正覺禪林的前期形態，從中可以看到，其時正覺禪
林的形制較為簡單。除院落式四架樑的建築結構與今
相同外，卷棚式屋頂的側廊、鑊耳山牆以及圓門等，
這些相對講究且突顯建築重要性的部件，似皆未見。
據此，或可想像當時的正覺禪林，不過是一組普通禪
房，並不太具特色。

《媽祖廟正殿前》（奧古士丁 · 博爾傑原作，尤金 · 西斯尼製版，設色石版畫）

　　據廟內碑刻所述，從 19 世紀 40 年代起，澳門閩南社群表現出較強的經濟實力，並且大力捐助媽閣廟擴充規模，其中以漳興堂、泉敬堂尤為突出。道光、同治年間，兩堂常以巨款或房產捐資媽閣廟。後來兩堂更利用餘款，在正覺禪林內合資開辦一所免費學堂 "漳泉義學"，援助失學的澳門華童。民國時期的澳門導遊書《澳門遊覽指南》對此亦有所記載："該院建於清康熙年間，現閩人創設漳泉義學於堂內。院中禪房三兩，雅俗集聚；客堂前滿植盆栽，青奇可愛……院後曠地，建有百姓祠，俾客死異鄉無親無故者，附祀於斯；此乃本澳獨一之設備也。"

　　遞至今天，正覺禪林毫無疑問是最有氣派的媽閣廟建築物。其正門應為靠內的、面向石殿的那道門，而非圓門。該門在氣勢上雖稍遜圓門，但自有特色。如牆壁築有象徵防火的 "鑊耳"，匾聯俱備。匾額為名牌 "正覺禪林"，下刻對聯 "靈威昭於日月，震旦闢此乾坤"。其中的 "震旦" 是指東方日出之處，可以借代中國。大殿之內，大殿正中供奉媽祖，左右為韋馱菩薩和地藏菩薩，均為金身。殿門兩側左鼓右

正覺禪林正門

正覺禪林中的媽祖殿

媽祖殿內的鐘鼓與木船

鐘，皆為禮器。還懸有五副木刻聯：①"天道本無私，諸君到此恭求，善事須行一二件；后德甚靈顯，小子曾來禱告，神籤明示兩三番。"②"惟后以巾幗綏猷，赤手挽狂瀾，能令海若效靈，恩週寰宇；愧我藉火輪利涉，丹心盟皎日，深感慈雲擁護，穩渡重溟。"③"普濟仰蓮臺，萬千變化；英靈傳海國，遐邇帡幪。"④"南海香分，澤播蓮莖開澳表；東洋蹟著，恩流濠鏡自閭中。"⑤"聖德齊天，恩流鏡海；母儀稱后，澤沛蓮峰。"另有木製牌匾逾十方，譬如"福地重光"、"猶眾人母"、"光耀大千"、"神恩永護"等。聯匾所撰，旨在襃陳神明聖德隆恩。最後值得一提的是，過往因大殿主體為木結構建築，故屢遭祝融之災。但大多無損神像，使媽閣廟更顯神靈，信眾更廣。

觀音閣　神山第一亭

觀音閣

　　媽閣廟建築群的最後一座，是位於山頂的觀音閣。其始建年代未知，唯清嘉慶年間（1796－1820年），香山詩人吳啟苞遊覽媽閣廟後，撰有《遊阿媽閣觀音亭》詩。由此推測，應該不晚於嘉慶一朝，媽閣廟已有名為"觀音亭"的建築。詩中註文提到："亭側有'海覺'二字於高石上。"這與《澳門記略·娘媽角圖》切合，又與今觀音閣的位置相若，故此觀音亭應是觀音閣的前身。觀音閣今貌是經過道光年間重修的，橫匾"觀音閣"的落款"道光歲次戊子年仲夏重修"，可為之證明。其有石刻門聯："鏡海渡慈航，人登覺岸；蓮山開法界，座徹禪燈。"聯語中的"慈航普渡"、"蓮座"是觀音菩薩的象徵，而"鏡海"、"蓮山"皆為澳門古名。至於"覺岸"，固然是佛教語，同時與媽閣廟舊稱"海覺寺"、閣旁所立海覺石，以及其所在的地理景觀，一語相關，用字可謂巧妙。

　　除了觀音閣，媽閣廟內山道旁，還置一座內供彌

觀音閣

觀音閣側影

勒佛的小石龕，龕內有一尊彌勒佛的石像。石龕是廟宇建築最簡樸的一種形態，亦即一般認為媽閣廟建築的原始面目。

而建於大殿旁側的"正直祠"，也算是媽閣廟建築群的一部分。其性質為"福德祠"，俗稱"土地公"、"土地廟"，或簡為"土地"，用以供奉正稱"福德正神"的土地神。由於媽閣廟的福德祠上刻有"正直祠"三字，故稱"正直祠"。祠的兩側有石刻聯："霳光昭海甸，福澤庇天涯。"其中的"霳"，採用了"靈"的異體字，為廟宇題刻所慣見。"靈"的異體字多達百個，所以如此，與其初文的本義有關。"靈"的初文為𤆍，是個會意字，本義是求雨；故其異

正直祠

體的部件，蓋是對歷代各式各樣的求雨儀式、方法的描摹。如"霿"所會意者，就是以弓箭射天的一種求雨之法。

神山第一亭

最後談談"神山第一亭"。"神山第一亭"並非媽閣廟的另一建築物，而是上述某建築物的名稱或代號。至於是哪一座，最易讓人聯想到的是現今石殿門楣"神山第一"的題刻，以為是早期石殿"涼亭"的部分。但有學者指出，此亭名稱實為刻在亭前石牌坊上的"詹頊亭"，因此"神山第一"可能是其代號，亦有可能另有所指。澳門詩人趙元儒曾在清乾隆年間寫下四首媽閣廟石刻詩，每首詩的第二句均是寫亭子，包括"斜結半山亭"、"神山第一亭"、"危坐石之亭"和"峭石立高亭"。詩句反映了乾隆年間的"神山第一亭"是建築在半山崖邊，而同時期的《澳門記略‧娘媽角圖》所示，該位置上的就是觀音亭，圖中還繪畫了其底下有一座猶如門關的建築，突出了亭子的所在。正好切合趙元儒石刻詩所云"試叩禪關入，神山第一亭"。值得注意的是，雖然觀音、媽祖合祀一廟的情況十分普遍，但媽閣廟的主祀神是媽祖，若以"神山第一"之稱冠予觀音亭，則未免喧賓奪主。或者，亭子之建，本不是用作供奉觀音菩薩，而是另有其他功能。

神山第一 ——媽閣廟石殿題刻

媽閣廟的摩崖與石刻詩

　　澳門開埠以來，旅澳者多喜往媽閣一遊。媽閣的遊人，既有特意尋來者，亦有不經意為之吸引過去的，後者多數是西洋人。早期的外國航行者抵達澳門，必在內港碼頭登岸，沿媽閣入城。明嘉靖以後，朝廷廢廣東諸番船泊口，獨留濠鏡澳，於是澳門成為西方來華者的必經之地。可以想像，從未接觸過中國建築的西洋人，初見媽閣廟時，那刻的驚艷，足以讓他們一見鍾情。至於國人來澳，雖多取道前山，從北面入關閘，媽閣則遙遙在南岸；而且類似媽閣的廟宇建築，國內隨處可見。然而，媽閣仍是遊人必到之處，其所嚮往者，蓋非廟宇建築，而是景觀：殿觀疊架的佈局、錯落有致的山林廟宇景致。與此同時，國人亦偏愛留墨於媽閣，最直接的證明，莫過於媽閣的山石題刻：摩崖、石刻題詞與石刻詩。

　　媽閣猶如澳門的廬山。廬山是中國山水文學的源泉，首屈一指的山水詩殿堂。其發端於南北朝詩人謝靈運對廬山的吟誦，大盛於陶淵明以來。歷代詩壇巨匠如李白、白居易等，以其超群出眾的審美觀與獨具匠心的詩詞對廬山進行吟詠謳歌。正是這些詩歌精魂，使廬山大放異彩，成為一座千古名山、詩山。媽閣風景，同樣生成於地理環境與人文景觀的有機結合：以大自然和建築群鋪筋立骨，以文學文化安魂置魄。媽閣是澳門摩崖的發源地與豐碑，它獨攬澳門二十四首石刻詩，堪稱"澳門詩山"。

摩崖和石刻題詞

摩崖者，"摩"字的本義是研墨，"崖"是指山巖。一般來說，凡刻在山崖石壁上的書法、造像與圖畫，皆可稱之為摩崖石刻，簡為摩崖。但是今言摩崖，多指擘窠。"擘窠"原指書法篆刻上的勻均分格，後通稱方正勻稱的大字為擘窠書。現有"海覺"、"海鏡"、"太乙"、"名巖"四大摩崖，還有"覺路"、"靈山參佛"、"說法點頭"、"障百川"等近十處石刻題詞靜臥媽閣山頭。媽閣的摩崖與石刻題詞，按主題可分為寫景狀物與寓含哲理兩類；而兼具兩者則意蘊更高，媽閣最為馳名的"海覺"、"海鏡"兩大摩崖，即屬此類。

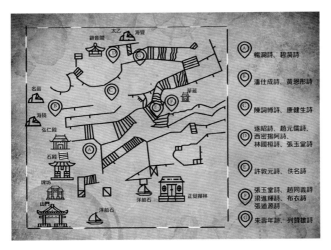

暢瀾詩、碧漪詩

潘仕成詩、黃恩彤詩

陳詞博詩、康健生詩

逯昭詩、趙元儒詩、
西密揚阿詩、
林國桓詩、張玉堂詩

許敦元詩、佚名詩

張玉堂詩、趙同義詩、
梁達輝詩、布衣詩、
張道源詩

朱嘉年詩、列贊雄詩

澳門媽閣廟石刻詩分佈示意圖

洋船石

　　現存媽閣廟有兩塊洋船的石刻，一般以內外來分別它們，"內洋船石" 位於正覺禪林與詹頊亭之間，"外洋船石" 則在石欄杆的後方。相傳後者為古，前者為新。洋船石上刻的 "利涉大川"，典出《周易‧益卦》："益，利有攸往，利涉大川。"《彖傳》云 "利涉大川，木道乃行"，喻意以木（船）得利。《澳門記略》記載澳門有三奇石，其中之一就是媽閣廟的 "洋船石"："於廟前石上鐫舟形及 '利涉大川' 四字，以昭神異。"此處的 "洋"，非指 "西洋"，而是相對 "內

外洋船石

河"而言的"外洋",所以這裡的"洋船"泛指古代
遠洋的大船。〔雍正〕《廣東通誌》曾提到"凡下東西
二洋造舶,別為一舶如其製而小,置神前,凡覆溺傾
欹,兆必先見"。今見早期藝術作品中描繪洋船石較
為清晰的,應是馬西安諾·安東尼奧·畢士達的《澳
門媽祖閣》(1862年)。畫中的洋船石在媽閣廟山門
旁邊,表明了光緒年間重修廟宇,加築石欄、砌起石
牆以前,外洋船石所在的位置。

海覺石

　　"海覺" 勒於媽閣之巔的巖石上，石高逾丈，字大盈仞。《澳門記略》卷上〈形勢篇〉稱之為奇石，謂："一海覺石，在娘媽角左，壁立數十尋（按：古代以八尺為一尋），有墨書'海覺'二字，字徑逾丈。" "海覺" 為佛教語，據《佛説無量壽經》載，如來次名 "海覺神通"。海覺亦有 "覺海" 之妙諦。 "覺海" 為佛教別稱，佛以覺悟為宗，海喻教義深廣。早期媽閣有海覺寺，故此亦稱媽閣為海覺。清乾隆時人葉廷樞《澳門雜詠》詩云："銀濤高湧撼南灣，海覺澄觀足解顏。" 鍾啟韶《澳門雜詩》亦有 "海覺天妃廟，三成石作梯" 句。若結合媽閣的山海景觀，則 "海覺" 的涵義更為豐富。誠如道光時人蘇鴻所云 "曾向錢塘眼界寬，今登媽閣得奇觀。……何人大字磨崖勒？覺盡南溟海不瀾"（《登媽閣最高頂望海》）。

　　然而，"海覺" 究竟是由誰人，又於何時題書於媽閣的呢？關於海覺石的身世，過往廣為流傳的説法是：來歷不明。古人或不提其來歷，或謂 "誰人書'海覺'"（趙元儒《次張太守石壁原韻》詩）；或明言

"海覺"石刻

"石壁有'海覺'二大字，不知何人書也"（李遐齡《媽祖閣》詩註）。今海覺石的下方，刻有林國垣作於清乾隆三年（1738 年）的一首七律（沒有詩題）。此詩是目前所知最早的媽閣石刻詩（詳見下文），署款："乾隆三年仲夏同海覺勒，林國垣題。嘉慶五年孟冬區宏秀重勒。"祝淮修的〔道光〕《香山縣誌》載："海覺石，在娘媽角左，壁立數十尋，有墨書'海覺'二字，徑逾丈。案：題字者不可考。石壁下有林國垣詩後鑴云'乾隆三年仲夏同海覺泐'"祝《誌》所記正是嘉慶五年（1800 年）重勒林國垣詩後的情況，後來〔光緒〕《香山縣誌》沿襲其説。

與林國垣同一時期的澳門人趙同義，後人將其詩作輯成《鏡江公詩稿》。詩稿內錄有林國垣詩，載有詩題，云"題澳門媽閣海覺石壁"，又有小字附註："乾隆三年仲夏海覺勒。"結合詩題，此處的"海覺勒"，意即刻於海覺石。若詩稿所載為石刻原貌，則今署款中的"同海覺勒"，或為嘉慶五年重勒時之誤。

有學者據林詩重勒後的署款，認為"海覺"應是林國垣於乾隆三年所題。這個説法若能成立，則媽閣的第一摩崖和第一石刻詩誕生於同一時間,且同出一人。摩崖與詩互為印證,可謂珠聯璧合,相得益彰,誠一佳話也。不過,自有關於海覺石的記載以來,前後兩百多年,未見有人提及此事(包括祝《誌》稱"題字者不可考");況且"同海覺勒"亦可理解作同一時間所勒,不一定是同一人所題。因此,僅憑重勒後的林詩署款這一孤證,目前尚難完全確定"海覺"為林國垣所題。所以,海覺石的確切來歷,仍有待新史料的發現,再作進一步考證。

海鏡石

"海鏡"二字,勒於媽閣西側山崖石壁,署款:"道光癸卯小春武林陸孫鼎題,惠州張玉堂書。"陸孫鼎,號藥珊,浙江仁和人,官署香山知縣。張玉堂,字翰生,號畫錦、應麟,廣東惠陽人。早年致力於文,屢試不第,後始從戎,官至大鵬協(香港九龍城)副將。今香港九龍界限街,便是他主持修築的。張玉堂還曾代理過廣東水師提督,主持修整虎門炮臺。其人為官"訓練必勤,賞罰必公;持己以廉,待

"海鏡"石刻

人以惠"（張維屏《張玉堂〈公餘閒詠詩鈔〉序》）。張玉堂雖置身行伍，戎馬倥傯，卻不廢詩書，諸藝咸習，工於詩而書名甚噪，有"儒將"之稱。時人推許其"詩文翰墨之事，求之文人則易，求之武人則難；分求之眾人則易，合求之一人則尤難。若夫能詩能文、善書善畫，而又能指書、能拳書、能為擘窠書、尋丈之書，即求之文士不易得，乃今於吾宗翰生都睨而一觀之"（張維屏《張玉堂〈公餘閒詠詩鈔〉序》）。

所謂拳書、指書，就是指以拳頭、指頭代筆蘸墨作書，是中國特有的一種書法藝術。張玉堂的書跡於粵港一帶留存頗多，如香港島玉虛宮的門額"玉虛宮"、香港九龍城侯王廟的"墨緣"與"壽"字二石刻、深圳大鵬東山寺樓橫額的"鷲峰勝境"等。澳門的張玉堂墨寶，集中在媽閣，包括拳書"海鏡"、"名巖"兩摩崖，以及指書題寫的石刻詩兩首。其中，以海鏡石最為著名，廣東詩人簡朝亮偏愛海鏡石，曾賦詩曰"萬國朝宗詠遠藩，高題'海鏡'獨推尊"（《過汲水門，憶濠鏡山廟題石詩有云：萬國朝宗日，馨香極杳冥。又一云：馬騮洲稅兩三重。因而有賦》）。

　　道光二十三年（1843 年），張玉堂與陸孫鼎結伴同遊媽閣，兩人合力留下了一幅傳世之作——陸氏立題、張氏拳書的“海鏡”。張氏題書“海鏡”時，頗疑香山詩人黃承謙在場，並即席賦詩《題張翰生都閫（玉堂）拳書大字》。該詩有兩個版本，見於黃承謙的詩集《仰山樓詩草》（道光年刊本）和《觀自養齋詩鈔》（咸豐年刊本）。《詩草》本有句云：“以頭濡墨健屈鐵，左右拂素同揮戈。人力天骨兩兼擅，含毫握管煙雲拖。其誰沉珠獻錦落，紙上揮拳縱放大。”寥寥六句將作書的經過栩栩寫來，仿如目前。其後刊入《詩鈔》時作了修改：“其誰負聲復振采，揮拳使指大擘窠。名留千古‘海鏡’照，筆妙五色層崖摩。”雖然提升了氣韻，卻減弱了現場感。

　　張玉堂的“海鏡”，筆力雄勁，氣勢磅礴。至於“海鏡”之意，既為澳門的一個古稱；且勒石時，與內港北灣的海面相映，猶如一面“海鏡”，故此題可謂妙筆。唯歷百多年後，圍繞海鏡石的方寸之地上，一幢一幢高樓拔地而起，將海鏡石圍在中間，形成“一線天”的景觀。海鏡石再無海可對，“鏡”的意境不復存在，人要尋它亦不易。遙想海鏡石當年的風姿，不禁令人倍感唏噓。

名巖石與太乙石

除海覺石、海鏡石外，媽閣還有 "名巖"、"太乙" 兩摩崖，主題分別為狀物和寓理。"名巖" 勒於觀音閣旁石上，款署："戊午冬日香山玉堂張應麟書。""名巖" 是繼 "海鏡" 之後，張玉堂與媽閣的又一墨緣。清咸豐八年（1858 年），即題海鏡石後十五年，張玉堂舊地重遊，題書 "名巖"。同樣是拳書，字跡蒼勁瀟灑，筆法精湛，與 "海鏡" 不相伯仲。唯意境上，"名巖" 稍遜於 "海鏡"。但它的命運則較好，至今仍未被建築物遮擋，因而更為遊人所熟知。

"太乙" 勒於 "海覺" 旁，同屬一石上，款署："大清道光戊子孟夏吉旦，謙堂李增階立。"李增階，號謙堂，福建同安人。曾任廣東瓊州鎮總兵、廣東陸路提督、廣東水師提督。道光十四年（1834 年），英國商務監督律勞卑（Lord William John Napier）擅令

"名巖" 石刻

"太乙" 石刻

兵船闖入省河，李氏以海口疏防被參，為清廷奪職，旋即謝世。張玉堂曾以詩哭之，哀嘆“恩深知遇慚無報，徒使傷心兩淚盈”（《公餘閒詠詩鈔·哭李謙堂軍門增階》）。

　　道光八年（1828 年），媽閣廟在住持景曦和尚主持下，啟動了大規模的重修擴建，並獲時任廣東陸路提督的李增階資助一百元。同年，李增階到訪媽閣，鐫下“太乙”二字。翌年，重修竣工，李氏又領銜勒碑廟壁，以記修廟之事。這便是今天鑲嵌在正覺禪林牆上，由趙允菁所撰的《重修媽祖閣碑誌》（詳見下文）。李增階與媽閣廟的因緣，頗帶有官方性質。至於何以勒“太乙”於媽閣之巔，今雖無從稽考，但當時題書者定有用意。“太乙”亦作“太一”，道家以太一為宇宙萬物的本源。媽祖信仰帶有道教屬性，太乙為道教語，置於媽閣亦謂相宜。又，太乙也是山名，即上古仙境終南山的別稱。另外，太乙又是一種術數，用以運轉生機。勒石之際，適逢媽閣廟重修，題書“太乙”，興許亦為一番寄意。

覺路、靈山參佛、超塵、說法點頭、海不揚波、障百川

除上述四處摩崖外，媽閣還有數個石刻題詞，文字多具佛教涵義。

"覺路" 在弘仁殿旁圓門所接的石階壁上，因此題刻，人稱這段石階為覺路。拾級而上，署款 "住持慧因題、辛酉雲水僧書" 的 "靈山參佛" 就在 "覺路" 旁邊；而 "住持慧因題、己未夏童真書" 的 "超塵"，則在觀音閣下方。雲水僧本名蔣松，號童真。清末避亂澳門，在普濟禪院掛單修禪，擅書藝，遺墨於澳門娛園（今盧廉若公園）甚多，園中不少匾聯皆為其所題書。"覺路" 所對者，為署款 "南海陳詞博鑴書" 的 "說法點頭"。陳詞博，本名陳應科，廣東南海人，曾從清末嶺南學者陳伯陶學詩，鄉試中舉，以知府分省補用。辛亥革命後，隱居西樵山，又往羅浮山學道，道名圓博。1931 年，陳詞博到香港，居九龍城，築樓 "雲廬"，著有《樵盦遺稿》。除此題詞外，陳詞博還有一首勒於媽閣的詩作，旁題："辛亥冬月，余初至濠鏡，約友遊媽閣正覺禪林，訪得紀文、遂昭兩法師，相與欣然道敬，摩巖讀詩，因次楊

"覺路"石刻

"靈山參佛"石刻

"説法點頭"石刻

"障百川"石刻

□公原韻，以誌鴻雪。中華南海陳詞博留題。” 遂昭
是當時媽閣廟的住持。“說法點頭” 出於 “頑石點頭”
的佛門典故。相傳東晉名僧竺道生常於蘇州虎丘山講
《涅槃經》，人皆不信；後聚石為徒，宣講至理，石
皆點頭。故此世傳：生公說法，頑石點頭。

　　“海不揚波” 在 “靈山參佛” 的旁邊；而在觀音
閣下方，則有 “障百川”。“障百川” 本出唐代韓愈
的名篇《進學解》，清代佛書《禪林寶訓合註》載 “障
百川” 條目曰：“迴眾流而入海也。韓文公《進學解》
曰：‘障百川而東之，迴狂瀾而既倒。’ 謂入鄽垂手，
接物利生也。” 所謂 “入鄽（房舍之意）垂手”，典
出宋朝廓庵禪師《十牛圖頌》之十〈入鄽垂手圖〉。
《十牛圖頌》為佛教經典名作，包括圖、序、頌，它
圖文並茂地顯示了佛教修行的實踐程序與終極關懷。
吳汝鈞《〈十牛圖頌〉所展示的禪的實踐與終極關懷》
曾經總結：“由第一圖頌尋牛開始，以迄第八圖頌人
牛俱忘，是個人的修行階段，目的是要尋回久已忘失
了的心牛。第八圖頌表示這階段的極峰，表示修行者
已臻於忘主客、齊物我的精神境界。第九圖頌返本還

源與第十圖頌入鄽垂手則表示修行者尋回心牛，個人的覺行圓滿後，仍然不捨世界，要把自家修得的功德，回向世界，以垂手拱立的謙卑方式，服務人群，引導他們覺悟本具的心牛，共享解脫的果實。這是禪佛教的終極關懷所在。」故此佛家語的「障百川」，是比擬「入鄽垂手」那般「獨樂樂，不若與眾樂」的姿態，與儒家「力挽狂瀾」的疾呼有所不同。

此外，媽閣有三處僅表示「到此一遊」之意的題刻。一為「丙辰順德龍裕光來遊」；一為「辛亥冬番禺汪兆鏞、錢塘金德樞來遊」；一為「戊辰正月偕張有貢、崔師貫重遊，俯仰慨然。汪兆鏞題記」。汪兆鏞，字伯序，一字憬吾，自號慵叟，晚號今吾、清溪漁隱，因牓所居曰「微尚齋」，故又稱微尚老人。他是清末民國政治人物汪精衛（兆銘）的同父異母長兄。辛亥革命爆發，汪兆鏞避地澳門，並斷斷續續居住了十三年多，1939年以七十九歲高齡病逝澳門。寓澳期間，汪氏寫下大量的澳門詩詞，包括《澳門雜詩》（〈澳門雜詠〉二十六首、〈澳門寓公詞〉八首、〈澳門竹枝詞〉四十首），《微尚齋詩續稿・辟地集》

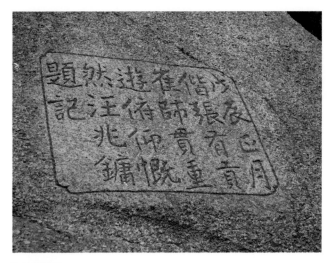

汪兆鏞題記

媽閣石刻詩、題記

以及《雨屋深鐙詞》等，是澳門近代重要的詩詞作家與粵澳文化名人。

最後，在海覺石的前方，刻有署款"新會潮連陳寬五題，光緒元年孟春穀旦"的題詞："余嘗參神於媽閣廟，見後山奇石嵯峨，千巖萬壑。予來往此間數十年，莫不三嘆讚揚。毋乃仙蹤佛跡留於此耶？所謂石不能言，最可人也。"陳氏對媽閣風景的評價，可謂道出了歷來遊人的共同心聲。

石刻詩舉隅

媽閣共有二十四首石刻詩，作者分別是：林國垣、康健生、張道源、許敦元、西密揚阿、趙同義、趙元儒（四首）、張玉堂（兩首）、黃恩彤、潘仕成、暢瀾（兩首）、釋碧漪、陳詞博、遂昭、朱壽年、列贊雄、梁進輝、布衣，以及佚名作者一首。他們的身份包括：蒞澳的清朝官員、旅澳的騷人墨客和寓澳的僧道，也有澳門本地的名人才子。這些詩作的寫刻時

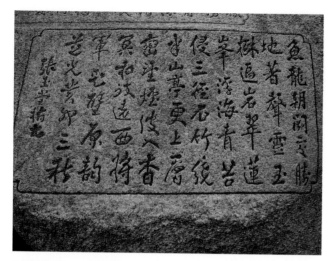

媽閣石刻詩──張玉堂詩

媽閣石刻詩──暢瀾詩、碧漪詩

間，始於清乾隆三年，終於民國年間。

媽閣石刻詩的始祖——林國垣的山水詩

媽閣的石刻詩主要為山水詩，先驅人物是林國垣。清乾隆三年夏，林國垣遊媽閣，吟詠山水，勒石永誌。林詩勒在海覺石下觀音閣旁石壁上，是媽閣石刻詩的始祖。該首七律云：

水碧沙明遠映鮮，蓮花仙島湧清漣。岸窮海角應無地，路轉林深別有天。一任飛潛空際色，半分夷夏雜人烟。遐心已托南溟外，獨坐松陰覺妙禪。

林國垣的生平，未見文獻有所記載。目前所知，此詩是他唯一的傳世之作，亦是媽閣詩之嚆矢。媽閣詩，是指描寫媽閣或關於媽閣的詩作。現存的古代媽閣詩，大多是以"媽閣文學形象的塑造"為寫作向度。簡言之，即意旨在反映詩中作為風景實體的媽閣，如何吸引詩人並牽動其情感，從而激發出詩人怎樣的詩興。林國垣是正面描寫媽閣的第一人，因此他對媽閣景觀的審美相當關鍵。

　　首先，林國垣對於媽閣的風景，在情感上是認同的，是願意親近的，乃至能夠敞開心懷，與之同化。詩人所青睞的，是媽閣的景色：澄碧的水、明淨的岸、詭特的山、奇秀的林。因此，作為詩的題材，媽閣獨特的自然風景是第一要素。至於如何處理媽閣這一詩材，將直接影響到媽閣的詩意。這主要取決於詩人對媽閣的觀感。換句話說，即媽閣給予詩人何種感受？在林國垣的眼中，媽閣從外表看是一道明媚的風景，走進裡面卻是詭特幽秘的山道，登頂後又是一片明亮壯闊的景致，箇中轉折，令人豁然開朗。精神的愉悅，使詩人從容觀照世態，思考人生。

　　其次，此處之景："一任飛潛空際色，半分夷夏雜人煙。" 這是林國垣俯瞰而來的景象。在早期澳門的地域上，明確劃分了外國人與本地人的社區，其間築有城牆，華夷間的接觸受到限制，雙方的交集互動其實並不多。但是，他們始終生活在一地，在澳門景觀下，兩者是不可分割的、互為關連的一個整體，正如飛鳥、游魚之於大自然一樣。此處寫的不僅是媽閣和澳門的面貌，更是一道虛景：澳門在詩人心中的印象，即媽閣的詩景。最後，林國垣以媽閣啟發玄思，再為詩景增加一層哲學的底蘊——"遙心已托南溟外，獨坐松陰覺妙禪。"在中國歷代文人的山水詩審美傳統中，有不可或缺的一股"清奧之氣"，或崇尚自然的心境，或禪理感悟的表述。這一影響因素也滲透入林國垣的媽閣詩中。況且媽閣本身擁有豐富的宗教內涵，兩者相互給合，遂造就了詩人的禪意妙思。

林國垣的媽閣詩，既是一首山水詩，自然具備山水詩的兩個構件：景與情。他以山水為審美對象，以涵咏自得、通達情理為審美宗旨；再結合山水詩的格調與澳門的情懷，開闢出"澳門縮影"的媽閣詩景。對於媽閣文學形象的塑造，林國垣毋疑有首創之功。但是"山水各自奇，才思互炳耀"（姚鵷雛《和廬山雜詩代程柏堂》），媽閣的文學意蘊，不是一個人能夠窮盡的。林國垣只是個開端，其後登臨吟誦媽閣的詩人，也有各自的媽閣詩景。如有雷同，並非巧合，或許是因為媽閣文學形象的特徵鮮明。

林國垣詩的後繼者

　　在媽閣石刻詩中，有唯一一首林國垣詩的和韻詩，作者是康健生。康詩勒在石階旁，署款："□□□□同遊，步林國垣原韻，康健生。" 康詩刻在陳詞博詩旁，康健生是否即上文所述陳詞博題詞中提到的友人，今已不可知了。康詩云：

　　島嶼瀠洄廟觀鮮，門憑井麓拱游漣。盤空磴石開蓮地，浴日東洋泛海天。風度遠航歸鏡水，鶴樓高樹絕虛煙。我來西壁尋詩句，淨業同參白社禪。

　　此詩亦是山水詩，風格與林詩基本相同；但其對澳門的印象，卻不如林詩般明晰。這詩所表現的哲思，體現在 "淨業同參白社禪" 一句上。"白社"是白蓮社的簡稱，而 "淨業"或指 "淨業三福"，分別為第一福 "孝養父母，奉事師長，慈心不殺，修十善業"；第二福 "受持三皈，具足眾戒，不犯威儀"；第三福 "發菩提心，深信因果，讀誦大乘，勸進行者"。或指 "淨土宗"，晉代高僧慧遠因鍾愛廬山的山水，在廬山東林寺結白蓮社，羅致百餘人同修淨土宗。

約在乾隆中期，澳門人趙同義的媽閣詩，格調亦與林國垣詩頗為相近。此詩勒於媽閣石壁，題曰《臘月登海覺寺》，署款："里人鏡江趙同義稿。道光戊子小陽春，孫允菁謹識上石。" 詩云：

地盡東南水一灣，嵌空奇石闢禪關。虎門雪送千帆白，雞頸輪升萬壑殷。迴磴人拖單齒屐，摩崖誰勒有名山。（山上有石高數仞，刻"海覺"二字。）此來不覺春歸早，笑指梅花試一攀。

趙同義，字鏡江，人稱鏡江公，廣東香山人，世居澳門望廈村，有子元輅、孫允菁。後人輯有《鏡江公詩稿》。趙元輅《書澤堂文稿擇鈔》錄有趙允菁撰述的《九衢公行述》，稱："家住澳門，華夷雜處，人不知書。先子髫齡時，家極寒素，藜藿不飽。……（先子）丁酉秋捷，無喜色，惟恨先曾祖父母、先祖父不及見。" 其中的"先子"指趙元輅，"先祖父"則指趙同義。讀《行述》可知，趙同義在世時，趙家以書禮傳家，但家境清貧，日子過得相當緊絀。自乾隆四十二年（1777 年）趙元輅、趙允菁父子相繼中舉後，趙家的生活狀況略得改善；可惜的是，此前趙同義已經亡故。因此《臘月登海覺寺》必作於乾隆四十二年以前，當時趙同義為一介布衣。

趙同義詩也是記遊敍事、抒情言理的模式，然而較諸林、康二詩，稍稍多了一份斯土斯民的情感。詩中所稱的 "雞頸"，為南灣所對的大潭山支脈，因地貌得名 "雞頸山"。"雞頸輪升萬壑殷" 與康詩 "浴日東洋泛海天"，雖同樣是寫媽閣的旭日景色，但前者對景物的把握更為準確，而且表述更為具體，顯然得力於詩人對澳門景觀的熟悉。趙同義於臘冬造訪媽閣，為山上 "梅破知春近"（黃庭堅《虞美人·宜州見梅作》）的景象所吸引，故有 "此來不覺春歸早，笑指梅花試一攀" 之語。媽閣的風景，滲入詩人的閒適之情，通過樸素的語言、白描的手法，直率地抒發出來，使得這份愉悅更見單純自然，更顯得詩人與媽閣的親近。

媽閣石刻詩的重鎮──張道源詩及其和詩

繼林國垣的空前題詠後，乾隆末年媽閣又添一首重要的石刻詩──張道源詩。媽閣的二十四首石刻詩，若論文物和史料價值，可謂每首均等。開創者無疑有不可取代的地位，然而接下應以何者為最重要呢？或許詩的影響力，是個較為客觀的標準。從這個角度看，張道源無疑是最具影響力的媽閣詩人。他所寫的媽閣詩，先後有十二首唱和詩，加上原作共十三首，已逾石刻詩全數之半。張道源詩鑱於媽閣石壁，是一首五律，署款"浮山張道源"，未記年份。詩云：

逕轉蓮花島，天然石構亭。當軒浮積水，護楫有仙靈。海覺終宵碧，榕垂萬古青。鯨波常砥定，風雨任冥冥。

此詩為何有如此強大的影響力呢？首先，應該歸功於詩的本身。張道源詩也是一首山水詩，其最突出的是"造境"，即以文字勾勒出特定的情境。"逕轉蓮花島，天然石構亭。當軒浮積水，護楫有仙靈。"這是以實寫虛，詩人試圖以實地的景物，還原媽閣誕生

媽閣石刻詩——張道源詩

的情境。這一妙筆歷來備受好評，或以為其得力於仿效明初吳中四傑之一楊基的《岳陽樓》"春色醉巴陵，闌干落洞庭。水吞三楚白，山接九疑青"。《岳陽樓》詩意境開闊，張道源為再現媽閣的故事，或許精心挑選了這個榜樣。然而，畢竟是兩個殊異的景物，如何化用楊詩，還得靠張道源的本事。

雖然張詩類近楊詩，但格調卻不盡相同，兩詩的後兩聯是詩意的關鍵。楊詩："空闊魚龍氣，嬋娟帝子靈。何人夜吹笛，風急雨冥冥。" 楊基所用的是相傳舜帝死後葬於蒼梧，其妃子因哀傷而投湘水自盡，變成湘水女神，常常在江邊鼓瑟，以瑟音表達哀思的典故。此詩繼承了元詩靡麗纖細的風格，異於山水詩的淡雅與悠然。張詩則境界高妙，尤其是 "鯨波常砥定，風雨任冥冥"。究竟是誰令媽閣海面翻起波濤，又是誰讓它平定的呢？誰又能在漫天風雨中適然自得呢？前句應指媽祖；後句既可指媽閣，也可以指詩人，實則兩者兼有。全詩不僅寫景狀物，既描繪媽閣景色，亦有詩人的精神投影；而且景與情滲透交融，共構互感，洵為山水詩中的上品。因此，就詩的造詣論，張道源詩當為媽閣石刻詩之魁首。

此外，張道源的人格魅力，毋疑亦發揮了一定的影響作用。張道源，字菊坡，山西浮山人。祖父張垚，康熙年間入仕，官至湖廣酈縣令。道源生而聰慧，從小受家學熏陶，幼嗜詩書，弱冠入貲，授刑部員外郎。憂歸以後，又蒙大學士劉文正、孫士毅等賞識，舉薦為廣州知府，兼管澳門。其時，澳門華夷雜處，動輒紛爭，澳葡官員偏私跋扈，極難管理。張道源不負所望，屢屢撫馭澳夷，致使民夷洽和。如據《浮山縣誌‧人物‧張道源》、《葡萄牙東波塔檔案館藏清代澳門中文檔案彙編》所載，乾隆五十二年（1787 年），黑奴在營地街醉酒鬧事，澳葡官員竟縱容不法者，毆傷民人，拆毀寮舖。民眾積怨日深。當地官員上報，清廷檄令廣州知府張道源，偕香山知縣彭嵩親臨澳門處理。彭欲以緝捕臺匪為名，派兵剿除澳夷。張以為宜恩威並施，一方面曉以大清律法，嚴切開導；另一方面諭以軍威。最後，總算迫使澳葡妥協，責罰生事者，保證不敢再犯，並將拆毀的十三間寮舖補回。

　　事隔三年，乾隆五十五年（1790 年），又有民人張亞意為澳夷殺害。澳官包庇罪犯，拒絕交出兇手。張、彭再次來澳指揮封關，飭令禁止本地居民與澳夷互市，尤其禁售食具、食物，藉以“封殺”。終使澳夷官民懼怕，引罪輸服，始終未動干戈。當時軍機大臣福康安相當欣賞張道源這一整治之策，在諸司道面前盛讚其才，曰：“張知府遇大事有卓識大力，吾實敬畏之。”官場之外，道源工詩能文，與翁方綱、蔣士銓、袁枚等相交，皆當時文壇之名流巨擘。

　　但張道源甚為低調，作詩意旨在遣懷自適，不求有名。喻文鏊《考田詩話》曾載，某年某月，袁枚正準備編撰《隨園詩話》，遊至廣州，即向其友張道源索詩。豈料道源婉拒，笑稱：“誰不知予貲郎，而以詩見，毋乃累先生盛名？吾不為也。”所謂“貲郎”，即捐官，通俗來說，就是向朝廷買官位。這是除登科及第考取功名外，古人入仕的又一種途徑。在古代非常普遍，亦屬正當行徑。因此，道源此說，不過是藉故推搪，主要原因或是不欲以詩名行於世。當然，這裡也不排除張道源反感於當時詩壇的拉幫結派，不願

為袁枚的 "性靈說" 張目之意。

張道源詩意境高妙，蘊藉深沉，加上作者的人格魅力，難怪後來者爭相唱和。第一首和韻詩的作者是香山知縣許敦元，其於乾隆五十五至五十八年（1790－1793 年）任香山知縣。許敦元的媽閣石刻詩旁題 "張太尊次韻之二"、署 "許敦元和"（據此可知，應有另一首和韻詩在前。〔道光〕《香山縣誌》錄有許敦元《遊海角石下》詩，蓋即此詩）。詩云：

> 蓮峰迴鏡水，石壁峙蘭亭。幾度招仙侶，何年擘巨靈。雲垂滄海白，潮湧萬山青。小憩幽岩下，塵心落杳冥。

許詩意境頗近張詩，尤其 "仙侶" 一聯，流溢出詩人對媽閣 "人傑地靈" 的由衷讚頌。"巨靈" 是上古神話中擘開華山的河神。至於 "仙侶"，杜甫《秋興八首》（其八）有 "佳人拾翠春相問，仙侶同舟晚更移" 句，而 "仙侶同舟" 則出自 "李郭同舟" 之典。《後漢書·郭符許列傳》云："林宗（按：郭泰，字林宗）唯與李膺同舟而濟，眾賓望之，以為神仙焉。"

同書《黨錮列傳》載李膺為八俊之首，又謂："俊者，言人之英也。" 其後，"仙侶" 常用於友朋間的互相勉勵，暗指為推許對方英才。詩中的 "仙侶"，很可能是指張道源。

媽閣石刻詩中，唯一的滿人作者是西密揚阿，他的五律也是張道源詩的和韻詩。詩末題署："乙卯，西密揚阿。" 此一 "乙卯"，為乾隆六十年（1795年）。西密揚阿，又名納蘭靜遠，字文暉，為清朝貴族那拉氏人，屬滿洲正紅旗，曾官廣東左翼鎮總兵、杭州水師副將。詩云：

蓮峰浮遠島，廟貌仰雲亭。萬頃凌霄際，千艘仗赫靈。海流天地外，神護汐潮青。萬國朝宗日，馨香極杳冥。

此詩 "氣雄力堅"（劉熙載《藝概》語），雖亦言神佛，卻與張詩及其他和韻詩所慕之 "守靜趨達" 的禪旨和人生境界迥然不同；反之，一股英豪霸氣儼然隱括其間。詩人以媽祖 "萬頃凌霄"、"海流天地"、"萬國朝宗" 的氣派來象徵自己對國家的抱負，以及

蓮峰迴鏡水石雙峙
蘭亭幾度招仙侶何
年攀日臺雲春煮海
白潮湧萬山青小憩
幽巖下塵心慈香裊
張大尊攷韻之二
許敦元和

媽閣石刻詩──許敦元詩

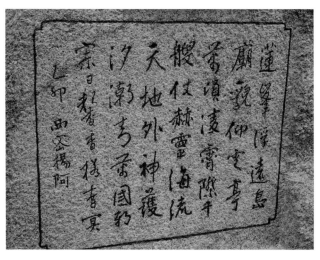

蓬峰溪遠鳥
廟貌仰宸章
縈纚凌霄際平
艨舨赫靈海流
天地外神護
汐澎青帝國初
崇日積香榜書冥
乙卯 西密揚阿

媽閣石刻詩──西密揚阿詩

雄心壯志。此種灑脫意氣，既是武將的率性，亦本於其貴族的優越感。

　　約於同時或稍後，趙元儒亦有步韻張道源詩的石刻詩四首。在媽閣石刻詩中，趙元儒詩不僅是數量最多者，亦居張詩和韻詩之冠。趙元儒，字景芳，號半農，為趙允菁的叔伯輩。《澳門誌略》稱其"情敦孝友，性秉剛方……主於排難解紛，極貧周急，義之所在，踴躍倡先。事之利便於人，以及有益於地方者，亦不以艱巨辭"。趙詩四首如下：

　　海隅藏古寺，斜結半山亭。地僻人偏靜，林幽鳥更靈。潮來雞頸綠，舟過馬騮青。願借蒲團坐，安禪悟杳冥。（其一）

　　試叩禪關入，神山第一亭。畫船留聖跡，石室駐仙靈。鏡水一天碧，蓮峰四岸青。三千塵世事，回首總冥冥。（其二）

　　登臨窮古徑，危坐石之亭。對此身如畫，飄然性自靈。江豚翻浪白，海燕拂雲青。遠水兼天闊，茫茫入蒼冥。（其三）

　　誰人書"海覺"？峭石立高亭。如此山之秀，應教地有靈。天開雙眼闊，榕印一心青。寂寂雲林外，疏鐘報暮冥。（其四）

　　詩末刻有"次張太守石壁原韻五律四首，里人半農趙元儒稿。道光戊子小春，男允禧謹識勒石"。與趙同義詩一樣，趙元儒亦提到"雞頸角"、"馬騮洲"等澳門古地名，突顯了作者本地詩人的身份。趙詩每首語言清美，在寓景狀物上帶出詩人的向禪情思。尤其是第四首的"天開"二句，揭示了詩人脫俗心澄的襟懷。遣詞用字雖平平無奇，但詩情禪意兼備，境界自出。

　　清末光宣年間，媽祖閣住持釋遂昭、普濟禪院住持釋暢瀾亦分別步張道源韻，作下一首和兩首媽閣石刻詩。這些詩作皆出於作者的慕佛之心、悟禪之意，呈現出具體而深刻的僧人、禪者的形象。若論詩意，則以遂昭詩的神韻為高逸。詩云：

　　祥雲藹霄漢，常護半山亭。舊事傳神迹，新詩寄性靈。天高凝古碧，樹老剩今青。悟到諸空相，馨香亦窈冥。

　　詩的前半部分描述媽閣，後半部分側重寫詩人的覺悟。"天高" 二句的內蘊尤其豐富，"天高凝古碧" 與 "樹老剩今青" 的對比，造成觀感上的矛盾，是詩的張力所在。同時亦着意渲染氛圍之混茫幽邃，推出一個空靈靜謐的境界。這是詩人開悟的契機，藉此緩衝下句 "悟到諸空相" 此一轉折的突兀，暗示作者並非刻意求禪，使詩中暗寓的參悟過程有如羚羊掛角，更覺禪味馥郁。此詩體現了作者對 "詩禪合轍" 的追求，可謂禪詩中的佳作。

　　值得一提的是詩中 "新詩寄性靈" 的說法。陳詞博石刻詩亦有 "新詩參妙諦" 句，或以為 "新詩" 是相對於遂昭詩而言，意即 "新詩" 是指陳詩本身。然而，遂昭詩提到的 "新詩" 又是相對何者而言呢？如上所述，陳詞博於媽閣廟訪得紀文、遂昭法師，"摩巖讀詩"，隨即賦詩唱和。還原當時情境，二人所以作詩，皆因有感於媽閣的石刻詩，且兩詩皆為張道源詩的和韻詩，因此二人詩作或是對張詩的異代呼應。

如此，詩中的"寄性靈"與"參妙諦"，便是二人對張道源詩意旨的把握，亦是相當到位。

最後，在媽閣石刻詩中，有署款"布衣"的一首五律，亦步張道源韻。"布衣"在古代泛指平民，詩云：

古木涵江影，峰奇孥石亭。魚龍沾佛法，鳥雀帶仙靈。水鏡雲磨碧，山屏雨洗青。蓮花開世界，烟靄遍南冥。

詩人顯然亦是有志於佛道之士，詩中禪意的傳遞，先有明寫的"佛法"、"仙靈"之語，渲染出一個神光瑞彩的境界；緊接"水鏡"二句，流露出佛家任物隨形、順其自然之姿。"蓮花開世界"之語，不僅是對宏揚佛法的歌功頌德，亦能總挽全詩，歸結出梵我合一、一切都是佛法的體現的禪旨。

總之，眾多張道源和韻詩與原作有着相同的肌理：即以遊山為經，悟道為緯；詩境為表，禪境為裡。這是山水詩一直維繫着的"詩禪互涉"的傳統。至於張詩體系的構成要件，還是在造境的功夫上：即

媽閣石刻詩──布衣詩

如何有層次地塑造出既是自然的也是宗教的，靜謐靈秀而又富有生命氣息的媽閣詩境。張詩體系是媽閣石刻詩的重鎮，可以說張道源所把握的媽閣景觀，也就是悠悠而存的媽閣文學形象。

媽閣的詠懷詩——潘仕成詩與黃恩彤詩

在媽閣石刻詩中，還有為人談論得較多的兩首詩，即署名潘仕成的一首五絕和署名黃恩彤的一首四絕。之所以受關注，蓋因二詩與中美《望廈條約》（或稱《中美五口通商章程》）的簽訂有所關連。道光二十四年五月十八日（1844 年 7 月 3 日），黃恩彤與潘仕成隨同欽差大臣耆英來澳簽訂《望廈條約》（相傳條約是在普濟禪院花園中的石桌上簽訂的），二詩就作於條約簽署前後。因此，潘、黃二詩皆屬應時之作，大抵反映出其時二人的某種心緒。不過，在聆聽他們經受時代挑戰、背負家國恩怨之際，欲對媽閣訴說些甚麼之前，有個誤會得先澄清。就是勒石之誤，即今石刻所呈現的並非原詩之真貌。今署款稱潘仕成詩者，原為黃恩彤詩；所謂黃恩彤詩，實乃潘仕

媽閣石刻詩——黃恩彤詩（左）、潘仕成詩（右）

成之作。估計應是勒石之時，誤將兩人的題跋給調換了（詳參《媽閣石刻詩獻疑》一文）。因此，正確的黃恩彤詩署款為："道光甲辰五月，偕潘德畬方伯仕成，趙怡山侍御長齡，銅竹樵司馬儔，來遊媽閣，書此以誌。寧陽黃恩彤。"詩云：

> 欹石如伏虎，奔濤有怒龍。偶攜一尊酒，來聽數聲鐘。

而潘仕成詩署款："甲辰仲夏，隨侍宮保耆介春制軍於役澳門。偶偕黃石琴方伯，暨諸君子，同遊媽閣，題此。賈隅潘仕成。"詩云：

> 蒼山峨峨，碧海迴波。仗我佛力，除一切魔。

先談黃恩彤詩。黃恩彤，原名丕范，字綺江，號石琴，別號南雪，山東寧陽縣人。道光六年（1826年）進士，授刑部主事；道光二十五年（1845年）升任廣東巡撫。在鴉片戰爭時，參與議訂《南京條約》；第二次鴉片戰爭後，奉命赴天津與英法侵略者談判，議訂《天津條約》。黃恩彤學養深厚，著有《知止堂集》、《秋聲詞》、《監評別錄》、《蠶桑錄要》等。對於黃恩彤的媽閣詩，過往人多屬辭批評，以為詩不該寫得如此悠閒舒適，這反映了黃恩彤並未將國家恥辱放在心上。此種誅心之論，恐怕過於斷章取義。若只就詩的後半部分 "偶攜一尊酒，來聽數聲鐘" 而言，說其閒適並不為過；然而不能忽略的是，詩的前半部分 "欹石如伏虎，奔濤有怒龍"，詩人以伏虎、怒龍來比擬時勢的兇險，這種觀感與上文所舉諸石刻詩所記的媽閣景觀截然不同。此實與客觀的風景無關，所異者在於主觀的意緒。蓋因險不在媽閣，而在人心。至於因何不安？伏虎、怒龍又借指甚麼？可謂不言而喻。但是，詩人何以筆鋒一轉，擺出了一副事過境遷的姿態呢？或者，詩人所想表達的是，對此既成之事實，個人既無能為力，亦無奈其何。飲酒、聽鐘之舉，對於詩人來說可以是一種消遣，也可以是一種排遣。此時此刻，最鬱抑其心者，無非是所謂的國恥之感。這份情懷，黃恩彤埋藏得較深，卻非了無痕跡。

接着說潘仕成詩。潘仕成，字德畬，廣東番禺人，生卒年不詳。道光年間經營鹽業致富，以副貢捐輸，欽賜舉人，官至兩廣鹽運使。從商參政之外，潘氏性好藏書，所收多精刻善本，有藏書樓"海山仙館"，與伍崇曜、康有為、孔廣陶等廣東藏書家共享"粵省四家"的美稱。道光二十九年（1849 年），潘仕成以其所藏輯刻《海山仙館叢書》，屬於叢書中的佳纂，向為學者所稱道。道光二十四年（1844 年），潘仕成以"布政使銜"的身份，先後兩次陪同兩廣總督耆英來澳處理不平等條約的談判事宜。第一次是中美《望廈條約》，第二次是中法《黃埔條約》。仕成的媽閣詩同樣表達了憤慨之情，相對黃詩的內斂和迂迴，潘詩則張揚直接。由於情懷清晰可見，所以後人評價較為正面。此詩僅四句十六字，但是字字寫來斬釘截鐵，慷慨高昂，勒於石上更見堅深而突出。其是媽閣石刻中難得一見的熱血與激情，堪稱媽閣的鐵血書。

在媽閣山體上，遍佈着形形色色的摩崖和石刻詩。它是媽閣文學的物化表現，也與澳門地域背景互為表裡。澳門地處邊陲，而且政治狀況特殊，既未經內地戰火的蹂躪，亦能與大陸因政權更迭引發的動亂保持距離，得以長久偏安一隅。憑此歷史條件，澳門的形象頗符合中國文學對一種文化意境的想望——武陵桃源，一個彷彿在世俗之外的理想之鄉，這是媽閣文學之所以生發的元素之一。另一方面，媽閣文學的主體是石刻作品，石刻為其開端，亦令其發揚。而石刻的產生，需要特定的地理因素：必須具備一個山體，要有緩陡兼備的地勢，一條蜿蜒的山道，結合構出雄、險、奇、秀、幽、奧的立體景觀。媽閣的地貌優勢，為媽閣文學作為澳門獨有的山水文學提供了必要條件，也為媽閣作為澳門的文學景觀提供了充分條件。

其餘石刻詩輯錄

張玉堂詩【兩首】

　　魚龍朝闕處，勝地著聲靈。玉樹逼岩翠，蓮峰浮海青。苔侵三徑石，竹繞半山亭。更上層巒望，煙波入杳冥。

和遠西將軍題壁原韻。道光癸卯三秋，張玉堂指書。

何須仙島覓蓬萊，海覺天然古剎開。奇石欲浮濠鏡去，慈雲常擁鸞帆來。蓮花湧座承甘露，榕樹蟠崖陰玉臺。誰向名山留妙筆，淋漓潑墨破蒼苔。

道光癸卯小春，翰生張玉堂。

暢瀾詩【兩首】

民國五年

南荒開島嶼，絕壁俯危亭。莆浦來神女，名山擘巨靈。潮平波蘸碧，石峭樹懸青。海闊天空外，孤帆入渺冥。

百尺禪龕古，天然瘦石亭。神仙工斧鑿，川嶽效英靈。萬木重張綠，群山齊送青。一聲雲磬裏，清響破空冥。

拙作二首。僧暢瀾題。

碧漪詩

媽閣觀潮

千層疊浪水朝東，海國天生一島碓。洋盡九洲雞頸出，門開十字馬尻通。怒濤聲吼橫拖練，落日球翻亂滾紅。萬里帆檣仗神力，洪波到處穩乘風。

碧漪再題。住持僧遂昭重修。

陳詞博詩

鏡海鴻初印，尋僧到閣亭。新詩參妙諦，古剎毓仙靈。雲擁千峰碧，波涵萬渚青。勝遊人未倦，林靜晚烟冥。

辛亥冬月，余初至濠鏡，約友遊媽閣正覺禪林，訪得紀文、遂昭兩法師，相與欣然道敬，摩巖讀詩，因次楊口公原韻，以誌鴻雪。
中華南海陳詞博留題。

朱壽年詩

勝境重來作浪遊，依依林木幾春秋。尚餘浩氣成虛壁，且放狂歌答亂流。

天地不仁供屢歎，江山如此合遲留。登臨無限蒼茫感，聊寫余情寄石頭。

癸亥冬，與簡四世蔚重遊此地，不覺有感。
岡州朱壽年小晉甫題。

列贊雄詩

　　名巖奇異屬天真，疊石浮屠確有神。騷士登臨多感慨，吾儕隨亦墨留痕。

民國十六年，花縣劉伯威勒石，增城列贊雄撰題。

梁進輝詩

　　人生在世似南柯，百年塵夢易收科。黃金雖好難回命，白髮無情又夕陽。花花世界輪流轉，且看滄海變桑田。常言十惡淫為首，古云百善孝為先。世人何必逞英雄，一山還有一山高。善惡到頭終有報，不如及早學修仙。大羅天上神仙境，西方極樂佛如來。奉勸世人須醒覺，大難臨頭悔恨遲。

香山梁進輝。

佚名詩

　　禮佛三聲磬，當門數點山。北來皆巨浸，南去只孤灣。老樹撐岩古，秋雲對我閒。更登高處望，直欲出塵寰。

媽閣廟的碑刻

　　在中國古代遺存下來的刻辭中，碑刻佔有重要的地位。碑刻常見於山川名勝、陵墓、宮殿、寺廟、園林等古建築，是中國古代建築的重要組成部分。其中，又以宗教寺廟碑刻，在碑刻中佔有極其重要的地位。從建築藝術的角度而言，碑刻也是一種建築要素，與建築物互相依存。從歷史文化的角度而言，碑刻與建築物互不分離，是記載建築歷史、保存和傳播建築文化內涵的特殊載體，具有重要的文化價值。

　　宗教寺廟碑刻，多為存放在寺廟內的經文碑、功德碑和記事碑。經文碑刻載宗教經典，弘揚教義教理；功德碑紀頌祖師、高僧的道行功德；記事碑載錄宗教活動或事跡，諸如教史、寺史、寺廟興修、規約制度等。宗教的寺廟碑刻，既可多角度反映宗教的發展及其文化內涵，同時又為歷史、文學、藝術研究提供史料。

媽閣碑刻的基本情況與分佈

澳門廟宇寺觀林立，所保存的宗教寺廟碑刻亦相當多。媽閣廟位列澳門寺廟之首，其所完整保存的六個古代碑刻，具有很高的史料價值。六個碑刻依次為道光六年的《為償媽祖閣房產訴訟債務捐簽芳名碑》，道光九年（1829 年）趙允菁撰的《重修媽祖閣碑誌》，道光二十七年（1847 年）黃宗漢撰的《香山濠鏡澳媽祖閣溫陵泉敬堂碑記》，同治七年（1868 年）黃光周撰的《香山濠鏡澳媽祖閣溫陵泉敬堂碑記》，光緒三年（1877 年）釋善耕撰的《重修媽祖閣碑記》。以上五者除《為償媽祖閣房產訴訟債務捐簽芳名碑》鑲嵌於今媽祖閣石殿左邊小花園的牆壁外，其餘四個碑刻皆藏於今媽祖閣正覺禪林正殿內。

除上述六個碑刻外，乾隆時人鍾啟韶《聽鐘樓詩鈔·澳門雜事詩》曾載："天妃廟，土人稱媽祖閣，亦曰娘媽閣。……明天啟間，閩賈寓此立廟。初問寺僧不知，讀碑知之。" 這是鍾氏於嘉慶二十一年（1816 年）到澳門時所作的記錄。由此可知，當於嘉

《媽祖閣五百年紀念碑記》（1984 年）

慶二十一年前，媽閣廟已有碑刻。可惜的是，鍾氏所見之碑，今已不存，碑的內容亦不可考。

此外，1984 年為紀念媽祖閣建閣五百週年，三州值理會邀請澳門學者曹思健撰寫《媽祖閣五百年紀念碑記》，由澳門書法家林崇軾書寫，並請啟功先生題額。該碑被認為是媽閣碑刻中的珍品，現鑲嵌在媽閣廟正覺禪林北側牆上。另，正覺禪林曾分別於 1988 年與 2016 年遭受回祿之災（火災），殿內亦樹碑為記。下面簡單介紹媽閣現存碑刻的撰作背景、內容與特點。

媽閣碑刻所記的 "教史"

現存的媽閣碑刻均為記事碑。記事碑，專為某一事件勒石樹碑以記之。媽閣碑刻所記之事，可分為 "教史" 和 "廟史" 兩個主題。"教史" 部分，是對媽祖信仰源流與靈應的敘述；而 "廟史" 的部分，則是記錄與媽閣廟密切相關的事項，如廟宇的沿革、興修，以及廟宇所擁有的土地財產情況等。

媽祖信仰的起源

在媽閣碑刻中，除《為償媽祖閣房產訴訟債務捐簽芳名碑》外，其餘五個碑刻皆載錄了媽祖信仰的源流及靈應事跡。

黃宗漢、黃光周二人先後撰作的《香山濠鏡澳媽祖閣溫陵泉敬堂碑記》對媽祖生平和聖跡、媽祖信仰的產生和發展，以及媽祖身份地位、神祇形象的演變等均有所描述。而曹思健的《媽祖閣五百年紀念碑記》，則闡述了媽祖信仰的現實意義及其所由。在清代列入祀典以前，媽祖信仰只是一種民間信仰。中國民間信仰多對應信眾的現世利益，如趨吉避凶、消災祈福、善惡果報等。因此民間信仰的實踐，不僅帶有宗教活動的神異性，亦多兼具社會活動的現實性。在中國歷代民間信仰中，媽祖信仰所體現的現實意義尤為鮮明而深刻。

媽祖信仰發生的宋代，正值中國對外交通經歷重大轉變的時期，即曹碑所謂"逮及兩宋，陸路受阻，海道轉通"。北宋中期，西夏佔領河西走廊。碑文所稱"陸有絲綢之路，貫通大食波斯"，指的就是河西走廊。此前，中國與西域及中亞地區的貿易，主要依靠陸路往來。另有阿拉伯的商人、使節經海路來到中國，並在沿岸城市登陸，即碑文所謂"水有滄溟之舟，泛航南海天竺。獻琛執贄，重譯來朝。閩之泉漳，粵之潮廣，尤屬放洋巨口。視諸他港，莫與比倫"。河西走廊為西夏所佔後，陸上絲路這一重要對外管道被中斷，中國的對外交通只有依賴海路來維持，這造就了閩粵等臨海的邊陲地區迅速崛起。而媽祖信仰發端的閩南，海上貿易事業更是雄霸一方。碑文特意提到泉州，泉州古稱"刺桐港"，是古代海上絲綢之路的東方起點。早在唐代，海外貿易的繁盛，使泉州成為當時的國際都市，出現"市井十洲人"（包何《送泉州李使君之任》）的繁榮景象。適逢 20 世紀 80 年代在泉州灣發現了一艘南宋海船，規模設備震撼世界。至於媽祖信仰根源所在的湄洲島，介於福州、泉州之間，亦為一重要港口及海道要衝。媽祖信仰的產生，可謂中國海路交通的重要標誌物之一。

然而，海貿愈是興旺的地方，海民對航海安全的心理需求愈是迫切。雖然隨着文明的進步，人類通過智慧和經驗尋找到一些自然現象的規律，加上海事設備如指南針等的應用，一定程度上減低了海上災難的傷害。但是，無論人們怎樣探索，大自然總有其神秘莫測的一面，茫茫大海牽動着人內心的恐懼，這只能靠信仰來克服。中國雖然從上古神話開始便有水神的角色，如共工、顓頊、河伯、龍王、大禹等，但職能多偏重於佈雨和治水，而非海上安全。故此曹碑謂"東南地域，海濱周遭，颶風季候，災禍頻生，乃嶽降林氏女於福建莆田"。媽祖信仰應運而生，成為中國獨一無二的海上保護神。

媽祖的史跡與靈應

至於媽祖的史跡，綜合兩個《香山濠鏡澳媽祖閣溫陵泉敬堂碑記》所述，媽祖在北宋年間降生，為莆田縣湄洲林氏女。"天賚聰明，生而靈異"，且"當其幼，通文義，長嗜佛經"。十三歲時得真人授元訣，二十八歲又獲授"古井之靈符"，能行奇跡、知吉凶，鄉里以其有神功。後於雍熙年間飛升於湄洲，從此被鄉人奉作神明。媽祖生於漁民之家，從其預測天氣的異能，預兆、拯救海難等的神跡，不難窺見一切皆與航海有關。封神以後，媽祖的形象日益神仙化，過程中產生了不少降魔伏妖的故事。如黃光周碑所舉的"演法投繩，晏公歸部；書符焚髮，高里輸誠。而又澄神剋金水之精，力降二將；奉詔止雨霽之禍，手鎖雙龍。淨滌魔心，二嘉伏罪；剪除怪族，三寶酬金。觸念通神，爐火隨潮而暴湧；示形顯聖，湖堤拒水而立成"等，這些神話故事直接塑造了媽祖神祇的各種形象。與其形象同步豐富的，還有其職能：從原始的保佑漁船的水神，一直發展至"一切祈晴禱雨，救旱賑荒，以及療病祛瘟，護漕殺賊。凡有神於國計民生者，無而深厪聖懷，而仰叨神庇"。如此神通廣大，真可謂"豈區區為功海上已哉"！

　　與此同時，碑文又以較多篇幅講述媽祖信仰的沿革。媽祖原僅在福建湄洲供奉，後因各種靈應神跡，既有民間相傳的"滴油成菜，資民食以無窮；化木為杉，拯商舟於不測"；亦有官方所載其對朝廷海事的庇佑，如"琉球穩渡，護冊使於重洋"，因此朝廷常加封媽祖以作酬謝。古時琉球為中國藩屬，而中日亦有結交，故朝廷不時遣使前往東北亞地區。而出使的路線，一般從福州出發，經過釣魚島、姑米島，最後到達那霸。途中必須經過琉球溝或黑水溝，其水深達二千公尺，波濤洶湧，常常翻船。在福州起行前，官員常效法閩人祭祀媽祖；平安抵埗後，亦會即時在岸上獻祭酬謝。途中若遇風浪而能化險為夷，回朝後的憶述，多歸功於危急之際向媽祖的禱告，並奏請為媽祖加封。史載媽祖首次獲朝廷賜封，是在北宋宣和五年（1123 年），因庇佑赴高麗使節船，而獲賜廟額"順濟"。首度封為"天妃"，是在元世祖至元十八年（1281 年）。因其庇護漕運，而受封"護國明著天妃"。至於"天后"的封號，則始於清康熙二十三年（1684 年），因助克澎湖，即黃宗漢碑所謂"國初平定臺灣，神之功在社稷"。宋代以來，媽祖共受封五十四次，地位愈加尊貴，正如碑文所稱"'妃'之不足，而復'后'之，尊之至也"，這亦與中國海貿發展的歷程頗為切合。

此外，兩碑皆在一開頭即銳意突出媽祖女性神祇的身份，如黃宗漢碑稱「是海之德廣大配天地。故海之神亦當與后土富媼，配享皇天上帝而不愧。司馬溫公謂：水德陰柔，其神當為女子，此海神所以稱天后也」。黃光周碑亦云：「蓋聞天地生百才女易，生一神女難；古今得百賢女易，得一聖女難。」中國素有男尊女卑的觀念，媽祖信仰產生的早期，即便在專為供奉媽祖而設的聖墩內，媽祖神祇亦只得安設在西側。古時以東為尊，神女西偏，本是慣例。後來得到當地巨富支持，藉建新廟之機，以媽祖生於湄洲，羽化顯聖亦於湄洲；其後的賜額、載諸祀典，亦始自湄洲聖墩為理由，力排眾議，逕將媽祖置於正位，大大提升媽祖神祇的地位。由此可知，媽祖信仰所繫的閩南人對於故鄉神祇的情懷和偏愛，所謂「十閩之人，家尸而戶祝之，若赤子之慕慈母焉。俗呼之曰娘媽，親之也」（黃宗漢碑）。對此稱呼，曹碑解說道：「至若湄洲人呼曰姑婆，閩海人則曰娘媽及媽祖，皆家人稱謂，示神人如一家。」對於故鄉神祇的看重，某程度上反映了閩粵一帶外貿城市的社會特質。

外貿城市是新興的商業社會形態，它以商業經濟為命脈，所以往往呈現出一種既"外向"又"保守"的社會特點。"外向"指的是人口的大量流動，如福建人移民海外謀生的非常多。至於"保守"的一面，則體現在其濃重的鄉土觀念上，特別講究鄉里的團結。這對於媽祖信仰的傳播，無疑構成了很大的推動力。正如學者指出，閩南人每當要長期遠洋在外或移居遠方時，往往會在原居地恭請一尊媽祖神像隨行，把祖家的信仰崇拜帶到新的居住地。他們相信只有來自祖家的神靈，才會更加盡心盡責地保佑他們。而抵埗後，移民往往就地建廟，供奉隨船而來的媽祖神像，媽祖信仰亦隨之被帶入各地。

媽閣碑刻所記的"廟史"

媽閣廟的沿革

清代以前，關於媽閣廟的歷史，傳聞多於史實。相傳明天啟年間（一說明成化，又一說明萬曆），有閩人商舶在臨近澳門的海岸處遭遇暴風雨，危急之際，幸得媽祖顯靈庇佑，人船安然無恙；遂在抵澳登岸後，在今媽閣之地立廟以酬謝神恩。至今，廟內仍存有被認為是相關遺跡的，以及鐫刻的洋船石。所謂"相傳明萬曆時，閩賈巨舶被颶殆甚，俄見神女立於山側，一舟遂安，立廟祠天妃，名其地曰娘媽角。娘媽者，閩語天妃也。於廟前石上鐫舟形及'利涉大川'四字，以昭神異"。《澳門記略》這段對洋船石的記載，成為後人普遍採信的媽閣廟史的開端。

媽閣碑刻亦然，趙允菁《重修媽祖閣碑誌》云："相傳自昔閩客來遊，聖母化身登舟，一夜行數千里，抵澳陟岸，至建閣之地，靈光倏滅，因立廟祀焉。"黃宗漢《香山濠鏡澳媽祖閣溫陵泉敬堂碑記》亦云："濠鏡天后廟者，相傳明時，有一老嫗，自閩駕舟，一夜至澳，化身於此。閩潮之人商於澳者，為之塑像立廟，並繪船形，勒石紀事。"雖兩碑的敍述稍有不同，但所交代的故事核心相同，蓋都是取材於《澳門記略》對媽閣廟的記載。

媽閣廟的興修

以今所見，古代史籍中幾乎沒有關於澳門媽閣廟修建過程的記載，因此趙允菁《重修媽祖閣碑誌》與釋善耕《重修媽祖閣碑記》的史料價值就可想而知了。先談趙碑，其所記的是道光八年（1828年）在景曦和尚主持下進行的一次重修。碑曰："閣之重修亦屢，向無碑誌（按：此"誌"應作"記載"解。趙碑"風颿利涉"往前的文字，是摘抄《為償媽祖閣房產訴訟債務捐簽芳名碑》。此碑一直樹立在花園，大眾可見。如此，若將"向無碑誌"解作廟宇從來沒有碑刻，在邏輯上是說不過去的）。今復歷久蠹蝕，棟宇敝壞，堂房庖湢，俱日就霉腐。又石殿前餘地淺隘，瞻拜雜沓，跡不能容。其由殿側登觀音閣之石徑，百尺紆迴，層級崎嶇，攀陟喘息，非葺修而增廣墊築焉，無以妥神霱而肅觀瞻也。"這段文字敍述了該次重修的動機和經過，從中可以得知廟宇舊貌的景觀，價值珍貴。根據碑文可知，現今石殿內祭壇往前的部分，以及往觀音閣的石階，都是重修後才加建的。

至於善耕碑所記，則是發生在光緒二年（1876

年）的一次重修。碑云 “同治甲戌十三年八月，忽遭風颺為災，海水泛溢”，指的就是 “甲戌風災”，一場在百多年前突如其來的毀滅性風暴災難。據當時的記錄，風暴肆虐，摧毀了大量建築，並引發嚴重火災，致令二千艘船隻沉沒，共計數千人罹難。現今普濟禪院的後山，立有一個稱 “八十二人合墓” 的墓碑，據說所埋的就是風災期間欲往鳳凰山（即白鴿巢）避難，卻因木橋突遭湧浪摧毀，不幸遇溺而亡的沙梨頭、內港一帶居民。媽閣地勢低且瀕海，所受的破壞當然不輕。據碑文所記，當時媽閣廟 “頭門既已傾跌，牌坊亦復摧殘。瓦石飄零，旗杆斷折”。同時，碑文亦提到上一次修葺，時在道光九年，就是趙碑所記的那次。經過四十多年，廟宇破損在所難免。況且，禍不單行，未及兩年，媽閣廟於光緒四年（1878 年）再遇一颱風吹襲，以致 “聖殿摧頹，禪堂零落”，因此重修已是勢在必行。這次的工程包括：“重修神殿，採買外地，增建客堂。築石欄於平臺，砌石牆於閣上。”竣工後的廟宇建築，基本就是今貌。

　　除了廟宇建築群的修建實況，二碑均記述了信眾捐資修廟的經過："爰集議興工，遠近釀金協力，而感恩好義之士，復出厚資勸助"（趙允菁碑）、"爰集同人，共勷厥事。用是開捐，重修神殿"（釋善耕碑）。除此以外，二碑所附的捐簽名單，可說囊括了澳門社會各界別階層人士。這或也可從側面反映出"澳門媽祖閣，為閩澳供奉大廟"（《為償媽祖閣房產訴訟債務捐簽芳名碑》）的情況。此為清道光以降，媽閣廟的真實寫照。

樹碑以記廟宇修建的這項傳統，可謂是沿襲至今。現立在正殿門旁，有兩個無題的碑誌，分別由"澳門媽閣廟福建漳泉潮三州值理會主席林添貴"、"媽閣廟慈善值理會主席柯萬乘"所撰，分別於 1992年春與 2018 年春勒石。二碑所記為正覺禪林先後兩次失火受損，半付祝融，及其事後廟堂的修復。碑文尤着意交代"重建模式，係根據本廟值理會所存之照片，報章刊物之圖片及本澳旅遊司處與澳門攝影學會所提供之資料作為藍圖"（林碑）。由此可見，媽閣廟已兼具歷史建築與文化遺產的角色功能，其文物史料價值的彰顯與保存亦愈來愈受到重視。

本廟媽祖殿於二零一六年正月初三日凌晨　因電線短路繼一九八八年後再次遭受回祿之災　神殿各部均嚴重損毀　尤幸媽祖聖像及神殿主體結構未受影響　承蒙澳門特別行政區文化局提供技術支援　維修費用由是屆值理會自行出資重修　幸得資深則師柯萬鑽主導整個重修工程風水師梁若蒙提供風水專業意見　以澳門恆宇建築公司承造工程修復模式係根據本廟舊有樣貌作為藍本　廟內神座牌匾楹聯神壇及供奉祀器物件均需重新訂製修繕及擺設工作於二零一八年全部完竣　茲為闡明本廟重修經過爰勒石立碑為誌

媽閣廟慈善值理會主席　柯萬乘

二零一八　戊戌年春立記

《媽閣廟碑誌》（2018 年）

媽閣廟擁有的土地財產狀況

古語云："國之大事，在祀與戎。"（《左傳・成公十三年》）中國古代社會重視宗教，許多廟宇寺觀都能得到信眾的捐贈，捐贈者的身份上至帝王，下至平民百姓。雖然媽閣眾碑的正文部分，均不敍述官府與媽閣廟的關係；然而，五分之三的媽閣碑文是由官員所撰書的。如《重修媽祖閣碑誌》由"南雄州始興縣儒學教諭銜管訓道事"的趙允菁所撰，並由"刑部湖廣司員外郎"的潘正亨題書；兩通《香山濠鏡澳媽祖閣溫陵泉敬堂碑記》分別是由"廣東提刑按察使司按察使"的黃宗漢、"羅定直隸州知州"的黃光周所撰。此外，趙碑捐簽名單為首的是由"欽命廣東陸路提督"李增階所率的官員逾二十人，可見清朝官方對媽閣廟的修建有着一定程度上的參與。

當然，媽閣廟主要還是得到社會民眾的大力捐獻，特別是兩大閩人社團——"漳興堂"與"泉敬堂"。清道光同治年間，兩堂常以巨款或房產捐資媽閣廟。關於泉敬堂，碑誌提供了具體的資料。黃宗漢碑云："道光辛丑，吾泉同人捐題洋銀壹千貳百餘

黃宗漢撰《香山濠鏡澳媽祖閣溫陵泉敬堂碑記》（1847 年）

圓，買置澳門蘆石塘鋪屋一所，歲收租息以供值年祀事而答神休。"黃光周碑亦云："今泉敬堂既置業立嘗，為春秋祀典，統計共捐洋銀二千三百一十八元，非足以答神靈而酬聖德也，亦各盡其誠敬之微忱而已。"捐資所展現的，不僅是泉敬堂對故鄉神媽祖的虔敬，也有其雄厚的經濟實力。

為使廟產不受侵犯、免遭流失，並且記頌捐獻者，寺廟往往將廟產的由來狀況勒石立碑，公諸於眾，今見最古的媽閣碑刻《為償媽祖閣房產訴訟債務捐簽芳名碑》算是此類。該碑文所記的雖是廟產，但欲交代的是一宗廟產的產權糾紛。碑曰："廟向無香火物業，自周贊侯蒞澳，始撥有公祠阿雞寮鋪一間。甲申冬，有豪貴生覬覦，幾被霸去。經年涉訟，始得原物歸來。"碑文首先交代涉案的"阿雞寮鋪"，即媽閣廟首個廟產的由來，係官方授權廟僧管理或持有的一間公祠。但是否築在媽閣廟內，則不得而知。（據碑記所載，媽閣廟產大多數是在廟宇之外，近者在廟側或媽閣街，遠者可至蘆石塘、半邊圍等地。）碑文緊接着交代立碑的原因，亦即訴訟案的內容：阿雞寮鋪於甲申即道光四年（1824年）遭當地豪強霸佔，通報官府後，竟判以百七餘兩銀贖回。因這筆款項皆"僧人向別處揭出支銷，事完妥而債未償"，故此只好向大眾募捐。猶幸眾人"各願解囊捐簽，不逾時已滿其數"，僧人於是立碑表揚簽捐的善信。該碑頗為簡短，雖有特別交代"有檔可查"，可惜暫未得見此檔。

如欲進一步了解媽閣廟土地財產情況的，不妨再看一段有關媽閣廟產訴訟的記錄。

澳門檔案館藏有撰於清光緒三十三年（1907年）的"茲將由本澳媽祖閣廟值事會議後登入誌事錄之件"的抄件（編號：AH/AC/P26956）。據抄件所載，該次會議緣起媽閣廟住持善耕和尚（釋善耕）逕自呈控"寶來欄"強佔廟產。會議伊始，值事柯六即呈清涉案廟產原為值事租與"寶來欄"，並詰問善耕此舉豈非藐視值事？善耕爭辯曰："我入此廟非招之於值事。即在此廟充當住持，值事亦未嘗給有辛金。"但柯六馬上反駁道："試問此廟內年中演戲費用究竟由何人所出耶？該地租項每年只收得銀三百元，此銀僅可夠每年演戲費用之半，其餘一半豈非皆由吾等值事出資以足其數耶？”抄件稱“善耕聽至此竟啞口，無言以對”。這足以反映其時媽閣廟的神功戲，為廟宇的頭等大事。而籌募神功戲的費用，則為值事會的重要職務，這未嘗不也是一種職權的宣示。柯六駁倒善耕後，在場的律師巴士度進一步廓清涉案廟產原為政府批與媽閣廟，業權屬值事會而非善耕所有。因此善耕之呈控，實為其意圖私佔廟產的證據。值事會最終以“不守清規，污辱佛地；並擅將該廟內物業、傢私等件私送與人，或逕行私買”為理由，革去善耕住持之位，並驅逐出廟。

雖然這段軼事與媽閣碑刻並無直接關係，但或有助於大家理解媽閣廟產，以及當時廟宇的運作架構。故特將這份材料摘錄，以供讀者參考。

附錄：媽閣碑文彙編

【**說明**】除《媽祖閣五百年紀念碑記》外，餘者均以譚世寶《金石銘刻的澳門史——明清澳門廟宇碑刻鐘銘集錄研究》為底本，參校陳光《澳門媽閣廟歷史告澳人書》〔"陳錄" 撰於民國十三年（1924 年），為今見最早過錄媽閣碑文者。〕所出校記，繫於各篇末尾。為免煩瑣，凡底本不誤而 "陳錄" 明顯為誤者，皆不出校；凡古今字、異體字、通假字，皆不出校。另，錄文個別標點，今據文意重新訂正。

為償媽祖閣房產訴訟債務捐簽芳名碑

澳門媽祖閣，為闔澳供奉大廟[一]。地傑神靈二百餘年。土著於斯者，固皆涵濡厚澤，引養引恬。而凡閩省、潮州及外地經商[二]、作客、航海來者，靡不仰邀慈佑，而鯨浪無驚，風颿利涉[三]。故人皆思有以報神之德[四]，而事之惟謹。每遇神功，輒踴躍捐輸，樂成其事。廟向無香火物業，自周贊侯蒞澳，始撥有公祠阿雞寮鋪壹間[五]。甲申冬，有豪貴生覬覦[六]，幾被霸去。經年涉訟，始得原物歸來。計賠補豪貴及一切雜用共費去銀壹佰柒拾餘両[七]，皆僧人向別處揭出支銷。事完妥而債未償，僧人苦之。爰諗於眾[八]，各願解囊捐簽[九]，不逾時已滿其數[一○]。於此可見神之功德之及人者深，而人皆思有以報之也，用誌顛末，勒之貞珉，以垂永久。至此鋪經訟緣由，有檔可查[一一]，茲不贅述。

道光六年八月吉日立

（下略）

[一]大廟，陳錄作"香火廟"。　[二]外地經商，陳錄作"外地之經商"。[三]颺，陳錄作"飄"。　[四]思，陳錄作"思事"。　[五]公祠阿雞寮，陳錄作"翁阿寮"。　[六]生，陳錄作"突生"。　[七]雜，陳錄作"什"。　[八]諗，陳錄作"念"。[九]簽，陳錄作"助"。[一○]已，陳錄作"而"。　[一一]檔，陳錄作"案"。

重修媽祖閣碑誌

　　聖母之德澤聲靈偏於天下，其俎豆馨香亦偏於天下。自我皇朝定鼎，神聖相繼，屢昭護國之勳，徽號疊崇，與天無極。而澳門之媽祖閣，神靈之尤著[一]。土著於斯者，固皆涵濡厚澤，引養引恬。而凡閩省、潮州及外地之經商、作客、航海而來者，靡不仰邀慈佑，而鯨浪無驚，風颿利涉，測水而至，辇贐而歸。至省會之鉅室大家，歲資洋舶通商，貨殖如泉，世沾渥潤。此湄洲廟之建，所以來澳虔請香火，崇奉禋祀[二]，永永無窮者也。蓋扶輿磅礴之氣，至澳門而中州南盡。此閣枕山面海，又南盡之盡，精英欝結，故地傑而神益靈。相傳自昔閩客來遊，聖母化身登舟，一夜行數千里，抵澳陟岸，至建閣之地，靈光倏滅，因立廟祀焉。蓋聖跡起於宋而大顯於今，發於莆田而流光於鏡海。普天同戴，此地彌親。每當雨晦陰霾，風馬雲旗，蜿蜒隱約。居民夢寐見之，而飲食思之也，固已久矣。閣之重修亦屢，向無碑誌[三]。今復歷久蠹蝕，棟宇敧壞，堂房庖湢，俱日就霉腐。又石殿前餘地淺隘，瞻拜雜沓[四]，跡不能容。其由殿側登觀音閣之石徑，百尺紆迴，層級崎嶇，攀陟喘息[五]，非葺修而增廣墊築焉，無以妥神霧而肅觀瞻也。爰集議興工，遠近釀金協力，而感恩好義之士，復出厚貲勸助。敝壞霉腐者易之，隘者拓之，崎嶇曲折者平之。天光水影，瑞石交輝，棟壁堅牢，美侖美奐。經始於道光戊子年仲夏，迄季冬告成。己丑復增修客堂、僧舍，規模式煥，旁為之翼盖。至是而朝暉夕陰，氣象一新矣。夫飲水而美者[六]，必思其源；食果而甘者，必詢其本。今之骈纚宇下，食德飲和以豐享豫樂者[七]，固已二百餘年，而殿閣重新，恩光益著。從此振興地運，邊隅永靖[八]，樂利蒙庥，寶貨充盈，方州叢集，而烏弋、黃支癴結左衽之國，驗風受吏，互市來歸，於以道揚。聖天子之澤徧海壖，德威及遠，而歌舞於光天化日中者[九]，皆聖母之保護無彊，永綏多福者也。菁世家澳地，被渥尤深，樂與四方嘉客暨都人士相頌禱焉。並列其捐助之數[一〇]，垂之久遠，為敬恭明神者勸也。爰拜手稽首而為之記。

　　覃恩勅授修職郎例授文林郎，辛酉科鄉進士南雄州始興縣儒學教諭銜管訓道事，截銓知縣加一級，里人趙允菁謹撰。

　　誥授中憲大夫，欽加知府職銜刑部湖廣司員外郎加一級，番禺潘正亨敬書。

　　（下略）

[一]之，陳錄無。　[二]祀，陳錄作"祝"。　[三]誌，陳錄作"記"。
[四]雜沓，陳錄作"踏雜"。　[五]攀，陳錄作"扳"。　[六]美，陳錄作"羨"。　[七]豫，陳錄作"娛"。　[八]邊，陳錄作"動"。
[九]中，陳錄作"之中"。　[一〇]助，陳錄作"款"。

香山濠鏡澳媽祖閣溫陵泉敬堂碑記

　　古者名山大川之祀，五岳視三公，四瀆視諸侯[一]，非遺海也。蓋以海為百谷之王，於天地間為最大，故寧缺之而不敢褻耳！唐祀南海，尊之為王矣，猶未以之配天也。天之外，海環之，中國之在海內，猶太倉之稊米，是海之德廣大配天地。故海之神亦當與后土富媼[二]，配享皇天上帝而不愧。司馬溫公謂：水德陰柔，其神當為女子，此海神所以稱天后也。吾閩莆田梅花嶼英烈林夫人，稟曹娥之純孝，矢帝女之精誠，應化東南溟渤之間。風濤驚險，慘痛呼救，靈之所感，若響應聲。十閩之人，家尸而戶祝之[三]，若赤子之慕慈母焉。俗呼之曰娘媽，親之也。神之在天，猶水之在地，無遠弗屆，無微弗通，其禦災捍患，有功於民，洵所謂撫我則後者[四]，故"妃"之不足而復"后"之，尊之至也。國初平定臺灣，神之功在社稷，如九天元女之助黃帝。重洋絕域，禱之立應，豈僅若湘妃之於湘，洛妃之於洛而已哉！濠鏡天后廟者，相傳明時，有一老嫗，自閩駕舟，一夜至澳，化身於此。閩潮之人商于澳者，為之塑像立廟，並繪船形，勒石紀事。迄今閩之泉漳，粵之潮州飄海市舶，相與禱祈[五]，報賽為會于此。道光辛丑，吾泉同人捐題洋銀壹仟貳餘百圓，買置澳門蘆石塘舖屋一所，歲收租息以供值年祀事而答神休。丁未，余任雷瓊兵備道攝按察使事，航海過此，知神之降福無疆，而海舶之祭必受福也。因記之，以垂不朽。

　　賜進士出身[六]，誥授中憲大夫署理廣東提刑按察使司按察使，督糧道調任雷瓊兵備道，前工科掌印給事中，乙未翰林加三級紀錄十次晉江黃宗漢譔[七]。

（下略）

[一]視，陳錄作"祝"。　[二]富媼，底本作"雷媼"，據陳錄改。《漢書‧禮樂志》云："后土富媼，昭明三光。"　[三]十閭之人，家尸而戶祝之，陳錄作"閭之人家，口戶祝之"。　[四]謂，陳錄無；後，陳錄作"后"。　[五]祈，陳錄無。　[六]賜進士出身，陳錄無。　[七]黃，陳錄作"林"；譔，陳錄作"拜撰"。

香山濠鏡澳媽祖閣溫陵泉敬堂碑記

盖聞天地生百才女易，生一神女難；古今得百賢女易，得一聖女難。吾閩莆田梅花嶼之有天后聖母也，女中之聖者也，女中之聖而神者也。天亶聰明，生而靈異，誕降之夕，異香繞室，瑞靄滿門，隣里遠近，罔不望神光之顯爍[一]，而慶聖瑞之昭彰焉。當其幼，通文義，長嗜佛經，歲甫十三，即得真人之元訣；年方二八，更受古井之靈符。聖德自此日益高，神功自此日益妙。而千百年山川鍾毓之奇，洩於湄州之一島；數十世祖宗留貽之澤[二]，萃在我后之一身矣。試觀滴油成菜[三]，資民食以無窮；化木為杉，拯商舟於不測。演法投繩，晏公歸部；書符焚髮[四]，高里輸誠。而又澄神剋金水之精，力降二將；奉詔止雨霆之禍，手鎖雙龍。淨滌魔心，二嘉伏罪；翦除怪族，三寶酬金。觸念通神，爐火隨潮而暴湧[五]；示形顯聖，湖堤拒水而立成。以及琉球穩渡，護冊使於重洋；砒碚無虞，祐王臣以一夢。陰兵樹幟，匪船翻浪而衝礁；神將麾旗，賊眾望風而敗仗。米舟赴急，救興泉二郡之奇荒；天樂浮空，出鄭和一身於至險。凡諸有感皆通，無求不應；罔非傳禍為福[六]，化險為夷。是天后之生於林氏，非獨林氏之天后，吾閩之天后也，四海九州之天后也。天后之生於宋室，非獨宋室之天后，我朝廷之天后也，千秋萬世之天后也。彼慶都啟唐，女嬌造夏，商開簡狄，周肇姜嫄。自古閨門令範，非無神聖之疊興。然而往事之遙，僅存經史。要不若我天后之白日飛升，超然塵俗，精神不敝，靈爽長存。如日月之經天，亘古今而不疲於照；如江河之行地，統晝夜而不滯於流。一切祈晴禱雨，救旱賑荒，以及療病袪瘟，護漕殺賊。凡有裨於國計民生者，無而深厪聖懷[七]，而仰叨神庇，豈區區為功海上已哉。持海上之勢危^[八]，望救事急，求全尤見其捷如影響矣。澳門濠鏡，向有天后廟。自前明以迄今茲，多歷年所。凡吾泉郡之貿易於澳者，前後共叨惠澤，彼此均沐恩波。今泉敬堂既置業立嘗，為春秋祀典，統計共捐洋銀二千三百一十八員，非足以答神靈而酬聖德也^[九]，亦各盡其誠敬之微忱而已。予自宦游東粵^[一〇]，被任郡之新安^[一一]，去澳門祗爭一水，同里商人往來較密，所得諸稱述者，亦較詳而確。爰盥手敬陳，以昭垂不朽。

賜進士出身，候補知縣銜羅定直隸州知州，前番禺、新安縣各縣知縣，壬子廣東同考試官黃光周盥沐謹誌

（下略）

[一]燦，陳錄作"燦"。　[二]十，陳錄作"千"。　[三]試，陳錄無。[四]書，陳錄作"畫"。　[五]隨，陳錄無。　[六]傳，陳錄作"轉"。[七]而，陳錄作"不"。　[八]持，陳錄作"特"。　[九]靈，陳錄作"庥"。　[一〇]自，陳錄作"自乙巳"。　[一一]被任郡之新安，陳錄作"初任廣郡之新安"。

重修媽祖閣碑記

　　茲我澳門之有媽祖閣者，其來舊矣。秀毓名區，靈鍾福地。英名素著，惠澤覃敷。我聖朝疊錫龍章，重膺鳳誥。凡屬梯山航海，悉庇帡幪；坐賈行商，均沾提挈，即欲歌功頌德。溯本追源，正如戴天履地，而莫名其高厚者也。溯自道光戊子重修，迄今已四十餘年矣。懷題業已凋殘，垣墻因而朽敗，幸猶不至倒塌，勉強尚可支持。迨至同治甲戌十三年八月，忽遭風颶為災，海水泛溢，頭門既已傾跌，牌坊亦復摧殘。瓦石飄零，旗杆斷折。斯時正擬修葺，事猶未舉。復於光緒乙亥元年四月，疊罹風患。以至聖殿摧頹，禪堂零落。若不亟行興復，何以答神庥而明禋祀！爰集同人，共勤厥事。用是開捐，重修神殿，採買外地，增建客堂。築石欄於平臺，砌石墻於閣上。復旗杆則規模壯麗，修祀壇而靈爽式憑。餘則花園僧舍，廚竈廳房，或創新模，或仍舊貫，靡不精詳措置，廣狹適宜。從乙亥而經始，迄丁丑而落成焉。今者廟貌維新，人心允協。翬飛鳥革，何殊太液琳宮；

畫棟雕樑，不啻瓊林玉宇。將見鳳闕[一]煇煌，妥神靈而崇祀事；螭廷煥彩，穀士女而惠群黎。豈徒以博觀瞻，正欲垂諸永久。爰弁數語，告厥成功。是為序。

住持僧善耕敬立

（下略）

[一]闕，陳錄作"闍"。

媽祖閣五百年紀念　　　　一九八四年夏　啟功題
澳門媽祖閣五百年紀念碑記
里人曹思健撰　　岡州林崇杕書　　順德盧雲齋刻

大哉華夏，盛極三唐，文明遐被，舟車四至。陸有絲綢之路，貫通大食波斯；水有滄溟之舟，泛航南海天竺。獻琛執贄，重譯來朝。閩之泉漳，粵之潮廣，尤屬放洋巨口。視諸他港，莫與比倫。逮及兩宋，陸路受阻，海道轉通。近歲泉州灣出土南宋海船，設備周全，載重量巨，南非亦掘得宋代商舶數艘，更足為中非航運發達佐證。朱明接統，海貿丕昌，乃有三保鄭和率艦隊七下西洋之壯舉，方諸前代，又倍蓰焉。

　　東南地域，海濱周遭，颶風季候，災禍頻生。乃嶽降林氏女於福建莆田，父願官城東湄洲巡檢，母氏王夢神生女，時宋開寶戊辰三月二十三日也。少小神異，汲古井得天書，習之成道，事親孝，父兄遭海難，奮身救護。雍熙丁亥二月十九日端坐昇化。海民往往見女浮於天際，風雨舟楫得以安泊云。國家遣使外邦屢蒙芘佑。宣和癸卯敕封靈惠夫人。明永樂已丑修祠賜祭，加封天妃。清康熙癸亥，平定臺澎，施烺奏得女助，始竟全功。敕建祠於原籍，晉封天后，載在史冊。至若湄洲人呼曰姑婆，閩海人則曰娘媽及媽祖，皆家人稱謂，示神人如一家。女之惠遍及海疆，而海之民奉祀無間。

　　澳門初為漁港，泉漳人士蒞止懋遷，聚居成落。明成化間，創建媽祖閣，與九龍北佛堂門天妃廟、東莞赤灣大廟，鼎足輝映。日月居諸，香火滋盛，舶艫密湊，貨殖繁增，澳門遂成中西交通樞要。當地坊眾，咸以始建形制簡樸，瞻拜侷仄。爰於道光己丑，加築殿廊僧舍，門坊磴道，摩崖泐字，臥石鐫詩，鐘鼓祭器畢陳，洋船石畫斯備。厥歲丁未，同治戊辰，光緒丁丑，均先後重修，增華殿閣。

又數十年，滄桑迭換，風雨侵剝。僉謀訂立規章，組織泉漳潮三州值理會，註冊為合法團體，俾歲時維修，以垂久永。今歲甲子，欣逢創廟五百年，值理諸君，住持僧侶舉行慶祝大典。於是重光殿堂，新營亭宇，牲犧貢於堂前，龍獅舞乎殿角。從此神安廟固，海晏漁豐，皆值理住持，輸誠戮力，以祈求者也。用是頌祖國之光，著媽祖之德，紀當事之誠，勒諸貞珉，以告來者。

澳門媽祖閣三州值理會正主席林添貴，副主席周澤寰。值理：王啟鈞、李文堅、周澤聲、周百康、林添富、林勝、林澤顯、邱永康、蔡昌明、林國華、顏俊儀、周永年，住持釋機修同立石

　　　　公元一九八四年歲次甲子夏七月吉旦

〔無題〕

　　本廟於一九八八年春，突罹回祿之災，主要神殿及各部均嚴重傾圮，幸蒙澳門政府文化學會撥款重建，由中國建築公司承造工程。而重建模式，係根據本廟值理會所存之照片，報章刊物之圖片及本澳旅遊司處與澳門攝影學會所提供之資料作為藍圖，該結構主體為混凝三合土，鑑于廟內全部古舊文物，如神座、鐘鼓、牌匾、旗幟、對聯、神案及供祭等物，均需重新製訂。卒於一九九一年秋，全部重建工程及各物擺設業經完竣。茲為表明本廟重建經過，爰勒石立碑為誌。

　　　　　　　　　　　一九九二年壬申年春，

澳門媽閣廟福建漳泉潮三州值理會主席林添貴記

〔無題〕

　　本廟媽祖殿於二〇一六年正月初三日凌晨，因電線短路，繼一九九八年後再次遭受回祿之災，神殿各部均嚴重損毀，尤幸媽祖聖像及神殿主體結構未受影響。承蒙澳門特別行政區文化局提供技術支援，維修費用由是屆值理會自行出資重修。幸得資深則師柯萬鑽主導整個重修工程，風水師梁君豪提供風水專業意見，澳門恆宇建築公司承造工程。修復模式係根據本廟舊有樣貌作為藍本。廟內神座、牌匾、楹聯、神案及供祭祀等物件均需重新訂製。修繕及擺設工作於二零一八年春全部完竣。茲為闡明本廟重修經過，爰勒石立碑為銘。

媽閣廟慈善值理會主席柯萬乘

二〇一八戊戌年春立記

結語

　　澳門雖為彈丸之地，然而勝跡廣佈。在眾多的名勝中，媽閣始終憑其優越的地理位置，以峭秀高逸的自然景觀為依託，以敦厚曠達的人文氣象為內涵，構成獨具特色的一個澳門文化景觀，深得歷代遊人雅士的青睞嚮往。媽閣文化歷史的厚重感，在一定程度上是由其石刻所奠定的。摩崖題旨鮮明，猶如大小媽閣文化肖像的鐫刻；碑刻記史為本，可為媽閣重大史實的憑證；至於石刻詩的悠然雋永，則是對媽閣文化性格的細膩刻畫，洵為媽閣文學的精魂所在。

　　總覽史乘，詳細記載澳門媽閣的文獻不多；因此，媽閣石刻的保存，無疑為媽閣的解讀與研究，提供了寶貴的文獻資料和實物依據，具有重大的史料價值。再者，石刻不僅從各個側面反映了媽閣的歷史狀況及其宗教文化內涵；更可見其時的澳門社會經濟文化的一些片段和圖像。以媽閣為主線將它們拼湊起來，也會是一輯澳門的傳記故事，所立雖不是 "載道之言" 與 "英雄史詩"；然其所洋溢的恬適情懷與淳厚風情，偶有所發的感時傷世，仍可彰顯澳門的時代精神，傳承澳門的文化薪火。它們在遊人旅者的目光、文士墨客的筆端及普羅大眾的生活下，日益吐露光輝。

主要參考文獻

著作

〔清〕印光任、張汝霖原著，趙春晨校註：《澳門記略校註》，澳門：澳門文化司署，1992 年。

〔清〕申良翰主修：《香山縣誌》，清康熙十二年（1673 年）刻本。

〔清〕祝淮主修，黃培芳輯：《香山縣誌》，清道光七年（1827 年）刻本。

〔清〕王廷鈐等纂修：《澳門誌略》（《香山縣下恭常都十三鄉採訪冊》），北京：國家圖書館出版社，2010 年。

〔清〕喻文鏊：《考田詩話》，清道光四年（1824 年）蘄水王壽榕刻本。

〔意〕利瑪竇、金尼閣著，何高濟譯：《利瑪竇中國劄記》，北京：中華書局，1983 年。

吳志良、湯開建、金國平主編：《澳門編年史》（全 6 冊），廣州：廣東人民出版社，2009 年。

吳志良、林發欽、何志輝主編：《澳門人文社會科學研究文選·歷史卷（上卷）》，北京：社會科學文獻出版社，2010 年。

林明德：《澳門的匾聯文化》，臺北：財團法人中華民俗藝術基金會，1997 年。

林美容：《祭祀圈與地方社會》，臺灣：博揚文化事業有限公司，2008 年。

徐曉望、陳衍德：《澳門媽祖文化研究》，澳門：澳門基金會，1998 年。

章文欽：《澳門詩詞箋註》（全 4 冊），珠海：珠海出版社，2002 年。

章文欽：《澳門與中華歷史文化》，澳門：澳門基金會，1995 年。

陳煒恆：《澳門廟宇叢考》，澳門：澳門傳媒工作者協會，2009 年。

劉芳輯、章文欽校：《清代澳門中文檔案彙編》，澳門：澳門基金會，1999 年。

劉福鑄、王連弟主編：《歷代媽祖詩詠輯註》，北京：中國文史出版社，2005 年。

鄭麗航、蔣維錟輯纂：《媽祖文獻史料彙編》第 1 輯《散文卷》，北京：中國檔案出版社，2007 年。

鄭麗航、蔣維錟輯纂：《媽祖文獻史料彙編》第 2 輯《史摘卷》，北京：中國檔案出版社，2009 年。

譚世寶：《金石銘刻的澳門史：明清澳門廟宇碑刻鐘銘集錄研究》，廣州：廣東人民出版社，2006 年。

譚世寶：《馬交與支那諸名考》，香港：香港出版社，2015 年。

譚世寶：《澳門歷史文化探真》，北京：中華書局，2006 年。

論文

王日根：《有往無來：明中後期閩商在澳門的開拓》，載《全球視野下的澳門學：第三屆澳門學國際

學術研討會論文集》，北京：社會科學文獻出版社，
2014 年。

　　吳汝鈞：《十牛圖頌所展示的禪的實踐與終極關懷》，載《中華佛學學報》1991 年第 4 期。

　　林廣志：《清代澳門望廈趙氏家族事跡考述》，載《澳門歷史研究》2004 年第 3 期。

　　陳光：《澳門媽祖閣歷史告澳人書》，載《近代史資料》總 100 期，北京：中國社會科學出版社，1999 年 12 月。

　　蔣美賢：《媽閣石刻詩獻疑》，載《澳門文獻信息學刊》總第 15 期，2015 年 12 月。

　　鄧景濱、汪欣欣：《媽閣摩崖第一詩考釋》，載《文化雜誌》2016 年春季刊。

圖片出處

P.12、16、18、20、23（下）、34、40、41、44（下）、47、52、54、57、61、64、65、68 、70、78、84、85、90、92、103、116、118　作者拍攝

P.13（上）　澳門檔案館提供

P.13（下）　《澳門記略校註》

P.23（上）、31（上）、38　澳門藝術博物館藏品

P.31（下）、44（上）、45、100　李斌拍攝

P.51　底圖由澳門文化局提供，圖片經作者加工處理